新天理図書館善本叢書 7

和名類聚抄

高山寺本

八木書店

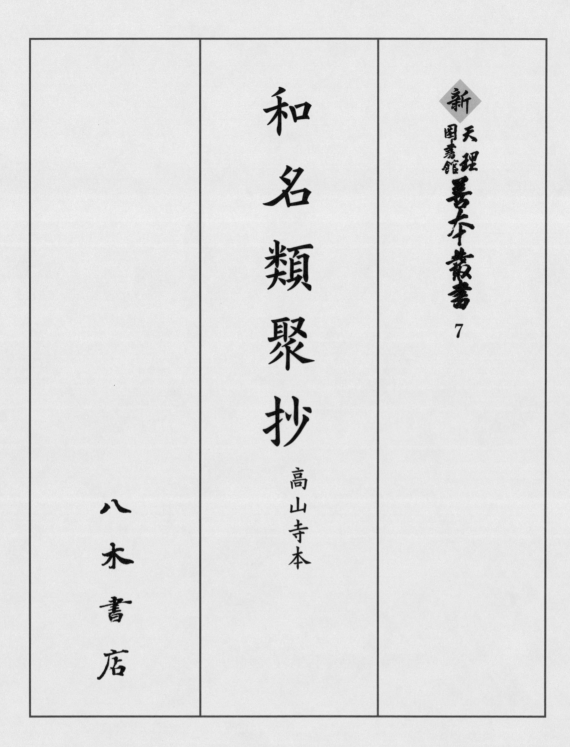

例言

一、本叢書は、天理大学附属天理図書館が所蔵する古典籍から善本を選んで編成し、高精細カラー版影印によって刊行するものである。

一、本叢書の第二期は、古辞書篇として、全六巻に編成する。

一、本巻には、『和名類聚抄 高山寺本』を収めた。

一、各頁の柱に書名等を記し、墨付丁数と表裏の略称（オ・ウ）を併記した。

一、解題は山田健三氏（信州大学教授）が執筆し、本巻の末尾に収載する。

平成二十九年二月

天理大学附属天理図書館

目次

和名類聚抄

高山寺本

和名類聚抄巻第六

郷里部第一 自畿内至東海郷許良反孫愐云人所居也 和名散度

山城郷第六十八　大和郷第六十九
河内郷第七十　和泉郷第七十一
摂津郷第七十二　伊賀郷第七十三
伊勢郷第七十四　志摩郷第七十五
尾張郷第七十六　参河郷第七十七

遠江郷第七十八　駿河郷第七十九
伊豆郷第八十　甲斐郷第八十一
安房郷第八十二　上総郷第八十三
相模郷第八十四　武蔵郷第八十五
下総郷第八十六　常陸郷第八十七
山城郷第六十八　有郡謂之郡家有驛謂之驛家以寄諸社謂之神戸不入班田謂之餘戸異名同除而不載
乙訓《オタキ》郡　山埼　鞆岡上毛乎賀　長罡　大江

物集 毛都 米　訓世 群世　榎本　羽束 波津 加之

本用月束 志三字　石作 以之都 久利　石川　長井

葛野《カトノ》郡　橋頭　大岡 於保 乎賀　山田　川邊 賀波 乃倍

葛野 賀止 乃　川嶋 加波 之万　上林 加无都 波也之　櫟原

高田　下林　綿代　田邑 多无 良

愛宕《アタコ》郡　蓁倉 多已 久良　粟野 久流 須乃　粟田 阿波太 有上下　大野

小野 乎乃　錦部 迩之 古利　八坂 也佐 賀　鳥戸 度利 戸

紀伊郡

罡田乎賀多　大里　紀伊　鳥羽止波

石原　拜志波夜之　深草不賀乎佐

宇治郡

宇治　大國　賀美　岡屋乎賀能也

餘戸　小野　山科　小栗乎久流須

久世郡

竹渕太賀布智　那羅奈良　水主　那紀奈美

久世　殖栗名栗　栗前久利久万　富野止无乃

拜志

綴喜《ツヽキ》郡　山本　多可　田原　中村

綴喜　志磨　大住　有智

甲作　餘戸

相楽《アヒラカ》郡　相楽佐賀良賀　水泉以豆美　賀茂　大狛

大和郷弟六十九

添上《カフノカミ》郡　山村　楢中　山邊　楊生也支布

八島 也之万　大罡　春日 賀須賀　大宅

添下郡《ソフノシモ》　村國　佐紀　矢田　鳥貝 止利加比

平群郡《ヘクリ》　那珂　飽波 阿久奈美　平郡 倍久利　夜麻

坂門　額田 奴可多

廣瀬郡《ヒロセ》　城戸　上倉　下倉　山守

散吉　下句

葛上郡《カトノカミ》　日置　高宮　牟婁　桑原

奈良

上鳥　下鳥　大坂　楢原 奈良 波良

神戸　餘戸

葛下郡　神戸　山直　高額　賀美

泰田　品治　當麻 多以万

忍海郡《オキノウミ》　津積　園人　中村　栗栖

宇智郡《ウチ》　阿陁 二音可濁讀　賀美　那珂　資母

吉野郡　賀美　那珂　資母　吉野

宇陁郡　漆部奴利倍　伊福　浪坂奈无左賀　多気

笠間加左万

城上郡《シキノカミ》　辟田　下野　神戸　大市

大神於保无和　上市　長谷波都世　忍坂於左賀

城下郡　賀美　大和於保也万止　三宅美夜介　鏡作加々美都久利

里由　室原

高市郡《タカチ》　巨勢　波多　遊部　檜前比乃久万

久米　雲梯宇奈弖　賀美
十市《トホチ》郡　飫富　川邊　池上　神戸
山邊郡　都介　星川　服部波止利　長屋奈賀夜
石生以之奈利　石上以曽乃加美
河内郷第七十
錦部《ニシコリ》郡　餘戸　百済
石川郡　佐備　紺口　新居　大國

古市郡《コチ》　新居　尸度　坂本　古市

安宿郡《アスカ》　賀美　尾張　資母

大縣郡《オホカタ》　大里　鳥坂　鳥取　津積

巨麻　賀美

高安郡《タカヤリ》　坂本　三宅　掃守　玉祖多万乃於也

河内郡　英多　新居　櫻井　大宅

豊浦　額田沼賀太　大戸

讃良《もヽう》郡　山家　甲可　牧岡　高宮

石井

茨田郡　幡多　佐太　三井　池田

茨田　伊香 以加古　大窪　高瀬

交野《カタノ》郡　三宅　田宮　園田　岡本

山田　葛葉 久須波

若江《ワカエ》郡　弓削 由計　刑部　新沼　巨麻

川俣　錦部

澁川郡《シフカハ》　竹渕多加不千　邑智　餘戸　跡部

賀美

志紀郡《シキ》　長野　拜志　志紀　田井

井於為乃倍　邑智　新家　土師

丹比郡《タチヒ》　依羅与左美　里山　野中　丹上

三宅美也計　八下波知下　田邑　菅生

丹下　土師　狭山左夜万

和泉郷第七十一

大鳥郡　大鳥於保止利　日部久散倍　和田迩支多　上神加都美和

大村於保无良　土師波迩之　蜂田波智太　石津以之都

塩穴之保阿奈　常陵今為深井布賀為

和泉郡　信太区多　上泉加无津豆美　下泉　軽部

坂本　池田　山直夜末太倍　八木

掃守　木嶋岐乃之万

近義　賀美　呼於乎　鳥取止ゝ利

攝津國第七十二

住吉郡　住道須无知　大羅於保与佐美　杭全久万太　榎津以奈都

百済郡　東部　南部　西部

東生郡　古市　郡家　酒人　味原

西成郡　長源　安良　伏見　槻本

宅美　讃楊　雄惟　三野
津守
嶋上郡　濃味　直上万賀美　服部波止利　高上
嶋下郡　新野迩比夜　宿人　安威阿井　穂積
豊嶋郡《トシマ》　秦上　秦下　豊嶋　大明
河邊郡《カハヘ》　桑津久波都　大明於保阿計
雄家乎倍　山本　為奈　楊津夜奈以都

大神 於保无和

武庫《ムコ》郡 賀美 児屋 古也 武庫 石井

曽祢 津門 廣田 雄田 乎多

有馬郡 春木 波留木 幡多 發多有上下 羽束 波都加之

忍壁 於之加倍有上下

菟原《ウハラ》郡 賀美 葦屋 布敷 天敷

津守 賀美 佐才 住吉

八部《ヤタヘ》郡　生田伊久多　宇治　神戸　八部
長田奈以多
能勢《ノセ》郡　能勢　雄村乎元良　枳根岐祢
伊賀國第七十三
阿拜《アヘ》郡　柘殖　川合　印代　服部
三田　新居
山田郡　木代　川原　竹原

伊賀郡　阿保　阿我　神戸　猪田

太内　長田

名張郡《ナハリ》　周知　名張奈波里　夏身

伊勢國第七十四

桑名郡《クハナ》　野代能之呂　桑名　額田　尾津乎豆

熊口久万久知

員辨郡《井ナヘ》　耶摩夜万　笠間加左万　石加以之賀　美耶美乎

久米

朝明《アサアケ》郡　田光 太比加　杖部 波世都加へ　額田　大金 於保加祢

豊田　訓覇 久流倍

三重《ミヘ》郡　采女 宇祢米　河後 加波之利　葦田　柴田 之波多

刑部 於佐賀倍

河曲郡　中跡 奈賀止　海部 安万　川部　賀美 加美

資母 之毛　深田 布賀

鈴鹿郡　英太 阿賀多ゝ　高宮　長世 奈賀勢　鈴鹿 須ゝ加

枚田 比良多

奄藝郡《アムノ》　奄藝　田井 太井　塩屋　服部 波止利

里田　窪田 久保多

安濃郡《アノ》　建部 多計倍　村主 須久利　内田 宇知多　英太 阿須賀太

跡部 阿止倍　長生 奈賀衣　石田 以波多　片縣 賀太加多

壹志郡《イチシ》　八太 鉢多　日置　嶋抜 之万沼支　民太 美乃多

須可須加　小川　呉部久礼一　宕野太紋乃

飯高郡　上枚加无津比良　下枚　丹生迩布出水銀　英太阿加太

立野

飯野郡　乳熊千久万　兄國江久尓　里田　長田

渭代

多氣郡　相可阿布加　有爾宇尓　多氣多計　麻績乎宇美

三宅美也計　流田奈加礼多　櫛田久之多

度會《ワタラヒ》郡　宇治　田邊多乃倍　城田岐多ノ　湯田由太

伊蘇以曽　髙田多加无古　箕田美乃和　継橋津岐波之

二見布多美　伊氣以計

志摩郷第七十五

荅志《タフシ》郡　荅志　和具　伊可　伊椎

英虞《アコ》郡　甲賀　名錐　船越　道浮

芳草　二色

尾張郷第七十六

中嶋郡　美和　拝師　小塞千世丈　三宅

茜部阿加祢倍　石作　日部　川埼

海部《アマヘ》郡　新屋　中島　津積　志摩

伊福　嶋田　海部　日置

三方　物忌　三宅　八田

葉栗《ハクリ》郡　葉栗　河沼　大毛　村國

若栗
丹羽郡《ニハ》　五鴨　稲木　上春　丹羽
穂積　大桑　下沼　上沼
前刀　小弓　小野　小口
春部郡《カムカヘ》　池田　柏井　安食　山村
高苑
山田郡　舩木　主恵　石作　志誤

山口　加世　雨村　布多无良

愛智郡　中村　千竈　日部　太毛

物部　埶田　作良　成海　奈留美

智多郡　番賀　贄代　冨具　但馬

英比

叅河國弟七十七

碧海郡　智立　采女　刑部　依納　与流美

鷲取和之止利　谷部　大市於保以知　碧海
櫝礼　世見　河内　櫻井
小河　大岡　葥野
額田郡　新城　鴨田　位賀　額田
麻津　六石　大野
賀茂郡　賀茂　仙陁　伊保　舉母
高橋　山田　賀祢　信茂

播豆郡　熊来　八田　意太　礒泊之波上
大川於保加波　大濱　析嶋　修家
寶飯郡　形原加多乃波良　赤孫阿加比古　美養　御津
宮道　望理　賀茂　度津
篠束之乃豆加　宮嶋　豊川止与加波　雀部
八名郡　多米　美和　八名　養父
和太　服部　美夫

渥美郡　幡太　和太　渥美　高蘆太加之

礒計　大壁於保加へ

設樂郡　賀茂　設樂之太良　里瀬　多厚

遠江國第七十八

濱名郡　坂本　大神　驛家　贄代

英多　宇智

敷知郡　雄田比面太　赤坂安加左賀　象嶋　柴江之波江

小文　竹田　雄踊　海間阿万

和治　濱津

引佐郡　京田美夜古太　刑部　渭伊為以　伊福以布久

麁玉郡　三宅　碧田安乎多　覇田及多　赤佐安加左

長上郡　蒋原知波良　碧海阿乎宇三　長田　河邊加波一

鰭沼比交禁　壹志以知之

長下郡　大田　長野奈加乃　貫名沼岐奈　伊筑

情多判多　大楊　老馬於以方　通隈止保利久万

磐田郡　飯寶　曾能　山香　入見

小野　千柄　高苑　壬生

野中　久米　小谷　飯寶

豊國

山香郡　大斧　与利　岐階　氣多

周智郡　小山乎也木　山田　依智夫　大田

田椀

山名郡　山名　衾田《不須末多》　宇知　信藁

蕿戸　久努

佐野郡　山口　小松　邑代《以比之呂》　幡羅

日根

城飼郡　加美　新井《迩比為》　荳木　河上

高橋　廉城《加良古》　朝夷《阿左比奈》　松渕《末豆不知》

玉秋 比知加多　佚束 左豆加　新野

蓁原郡　賀治　蓁原　大江　細江

胈木　勝田 加知末多　相良

駿河國第七十九

志太郡　大野　大津　英原　刑部

益頭郡　西力 勢　澤會 佐波比　朝夷　飽波 阿久奈美

八田 夜太　物部　益頭　高楊 太加夜文

有度郡　内屋宇都乃夜　真壁末加倍　他田乎左多　新居尓比井
託美太久美　甞見奈女三　會星安布保之
安倍郡　川邊加八乃へ　埴生及布　廣伴比呂止毛　葛間加豆良末
美和　川津加波都　八社夜計之　横太与古太
廬原郡　西奈世奈　大井　河名加波太奈　廬原
蒲原加无八良　息津於岐豆
富士郡　鳥田　小坂乎左加　古家　久弐

姫名 比奈

駿河郡　柏原　矢集 夜豆米　子松 古末川　古家

玉作　横走 与古波之利　駿河　山埼

宍人　永倉　宇良

伊豆國弟八十

田方郡　新居　小河　直見 多久美　佐婆

鏡作　茨城　依馬　八邦

狩野　天野　吉妾　有雜
久寝
那賀郡　井田　那賀　石火
賀茂郡　賀茂　月間　川津　三嶋
大社
甲斐郷第八十一
山梨郡　於曾　能台　林部波夜之　井上為乃一

玉井已上五郷為東郡　石禾以左和　表門寄波上　山梨
加美　大野已上五郷為西郡

八代郡
八代也都之呂　長江奈加江　白井之良為　沼尾奴未乃乎
川合

巨麻郡
等力止々呂支　速見倍美　栗原久利波良　青沼安乎奴末
國用真木野三字
真衣末衣乃　大井　市川　川合

都留郡　相模左加无乃　古郡　福地布久知　多良太波良

相模國第八十二

足上郡　高家　櫻井　罡本　伴群

足下郡　高田　和戸　飯田　垂水

足柄安之加良　驛家

餘綾郡　伊蘇　餘綾与呂支　霜見　礒長

中村　幡多野　金目

大住郡　中島　高来　川相　斤思
方見　和太　日田　大眼
櫛椅橋坎　渭邊　石田　大上
前取　三宅
愛甲郡　玉川　英那　印山　船田
六座
高座郡　美濃　伊参　有鹿　深見不加美

高座　渭提　寒川左无加八　塩田之保太
二宮　岡本乎加毛度　五月　河會
大庭於保无波
鎌倉郡　沿濱　鎌倉　埼立　荏草
梶原　尺度　大島
御浦郡　田津　御津美宇良　氷蛭比々古　御埼美左支
安慰

武蔵郷第八十三

多磨郡　小川乎加波　川口加八久知　小楊乎也支　小野

新田迩布多　小嶋乎之未　海田安万多　石津以之都

狛江古万江　勢多

都筑郡　立野　針研罰左久　高幡多加波多　幡屋波多乃也

久良郡　鮎浦布久良　服田波度多　星川　大井

諸岡毛呂乎加　洲名須奈　良埼与之

橘樹郡　高田多賀太　樹橋多知波奈　御宅美也計　縣守阿加多毛利
荏原郡　蒲田加万多　田本多毛上　満田上音下訓　荏原
覺志加々志　美田三多　木田支太　櫻田左久良多
豊島郡　日頭比乃上　占方宇良加多　荒墓阿良波加　湯島
廣岡
足立郡　堀津發度　殖田宇恵太　稲直伊奈保　大里
新座郡　志木

入間郡　麻羽《阿佐波》　大家《於保也計》　高階　安刀
山田《夜末太》　廣瀬《比呂世》
高麗郡　高麗《古万》　上総
比企郡　渭後《沼乃之利》　都家《豆計》　醎瀬《加良世》
横見郡　高生　御坂　余戸
埼玉郡　太田《於保多》　笠原《加左波良》　埼玉　萱原《加夜波良》
大里郡　楊井　市田

男衾郡　榎津江奈豆　鴨倉　多留　川面
幡　大山　中村
幡羅郡　上秦　下秦　廣澤　荏原
幡羅　那珂　霜見之保三
榛澤郡　新居　榛澤　瞻形　藤田
賀美郡　新居　小鴨　曾能　中村
兒玉郡　振太　罡太　草田　大井

那珂郡　那珂　中澤　水保　弘紀
秩父郡　巨香　上科一夲作析　美吉　丹田
中村
安房郷第八十四
平群郡　砥河止加波　達良多々良　石井伊波為　狭隈左之万
長門　大里　穂田保多　川上
白濱

安房郡　太田《於保多》　塩海《之保三》　麻原《乎波良》　大井

河曲《加波和》　白濱　神餘《加无乃安末利》

朝夷郡　沙原《三波良》　新田《迩布多》　大潴《於保奴末》　満禄《万呂》

健田《太津多》

長狭郡　丕生　日置《於交豆》　田原《多波良》　酒井《左加井》

伴部《止毛へ》　賀茂　丈部《波世豆加比》

上総國第八十五

市原郡　海部安万　市原　江田衣多　湿津宇流比三
山田　菊麻久々万
海上郡　佐旦　稲庭伊奈尓波　大野　山田
倉橋　福良布久良　嶋穴　馬野无万乃
畔蒜郡　美　小河乎加波　甘木安万支　新田
椅原　三衆
望陀郡　畔治安波西　表可　倉戸　飫富於布

磐田　河曲　廣津加豆

周淮郡　山家也万以へ　山名　額田　三直

丸田　湯坐　藤部　勝川

埴生郡　埴生　埴石　小田　坂本

横栗　何家

長柄郡　刑部　管見豆ゝ美　車持　兼陀

柏原　谷部波世倍

山邊郡　禾生　罡山　管屋　山口
高文　草野　武射
武射郡　巨倫　加毛　理倉　狎猥
長倉　畔代　片野　大藏
新屋　埴屋
天羽郡　新居　新屋　埴屋　三直
夷灊郡

下総國第八十六

葛餝郡　度毛　八嶋　新居　桑原

栗原　豊嶋

千葉郡　千葉　山家　池田　三枚

糟莪　山梨　物部

印播郡　八代　印播　言美　三宅

長隈　鳴矢　吉高　舩穗

日理　村神

迊磋郡　野田　長尾　辛川　千俣

山上　憣間　石室　迊磋

須加　大田　日部　玉作

田部　珠浦　原　栗原

茨城　中村

相馬郡　大井　相馬　布佐　古溝

意部

猨嶋郡　塔陁　八俣　髙根　石井

幕津　色益

結城郡　茂治　髙橋　結城　小埇

岡田郡　岡田　飯猪　手向　大方

海上郡　大倉　城上　麻績　布方

軽部　神代　編玉　小野

石田　石井　須賀　横根
三前　三宅　舩木　橋川
香取郡　大槻　香取　小川　健田
礒　譯草
埴生郡　玉作　山方　麻在　酢取
常陸國第八十七
新治郡　坂門　竹嶋　治田　伊讃

博多　迊迴　丹波旦支波　大幡

新治　下真　巨神　井田

真壁郡

神代　真壁　長貫　伴部

大苑　大村　伊讃

筑波郡

大貫　筑波　水守三毛利　三村

栗原　諸蒲　清水　佐野

方穂

河内郡　嶋名　河内　大山　八部

真播　菅田　大村

信太郡　大野　高来　小野　朝夷

高田　子方　志万　中家

嶋津　信太　乗濱　稲敷

河袮

茨城郡　夷計　山前　城上　嶋田

茨城郡

佐賀　大幡　生國　茨城
田余　小見　拜師　石門
安餝　白川　安後　大津
立花　田籠

行方郡

提賀　小高　藝部　大生
當麻　井上　高家　麻生
八代　香澄　荘原　道田

行方　曽祢　坂来

鹿嶋郡

白鳥　下鳥　鹿嶋　高家

三宅　宮前　宮田　中村

松浦　中嶋　軽野　徳宿

幡麻　大屋　諸尾　新居

伊嶋

那賀郡

入野　朝妻　吉田　岡田

幡田　安賀　大井　河内
川邊　常石　全隈　早部
志万　阿波　芳賀　石上
廣嶋　茨城　洗井　那珂
八部　武田

久慈郡

岡田　八部　倭文　高月
助川　義和　志万　眞野

神前　久米　大田　山田
河内　楊嶋　河内　世矢
佐竹　高市　木嶋　佐野
多珂郡
梁津　伴部　高野　多珂
藻嶋　新居　賀美　道口

和名類聚抄巻第六

和名類聚抄巻弟七　自東山至北陸

郷里二

近江郷弟八十八　美濃郷弟八十九

飛驒郷弟九十　信濃郷弟九十一

上野郷弟九十二　下野郷弟九十三

陸奥郷弟九十四　出羽郷弟九十五

若狭郷弟九十六　越前郷弟九十七

賀加郷第九十八　能登郷第九十九
越中郷第一百　越後郷第二百
佐渡郷第百三
近江郷第八十六
滋賀郡　古市布留知　真野末乃　大友於保止毛　錦部迩之古利
栗太郡　物部毛乃々倍　治田波利多　木川波乃加波　勢多
梨原奈之波良

甲賀郡　老上於支加三　夏身奈豆美　山直也末　蔵部久良[illegible]

野洲郡　三上有上下美加无　敷知國用渕字　服部波止利　明見安加三有南北

迩保有南北　篠原之乃波良

蒲生郡　東生　西生　必佐　篠田

篠笥　大嶋　舩木　安吉阿支

桐原

神埼郡　高屋　神埼　神主　垣見

小社 小幡

愛智郡 蚊野 八木 大國 長野

平田 養父

犬上郡 田可 沼波 高宮 尼子

田良 安良 清水 實田

青根

坂田郡 大原 長岡 上坂 加无 左賀 下坂 之毛 左賀

細江《保曽江》　朝妻　上丹《加无津迩布》　阿那

浅井郡

邑本《乎加毛止》　田根　湯次《由須岐》　大井

川道《加波知》　下野　錦部《迩之古利》　速水《波世美》

益田《末須多》　新居　都宇　朝日《安左比》

塩津《之保豆》

伊香郡

柏原　安曇　遠佐　楊野

余呉　片岡　伊香　大社

高島郡　三尾美乎　高嶋多加之万　角野　木津古豆

桑原　善積　川上　大處

鞆結度毛由比

美濃卿弟八十九

多藝郡　富上　物部　垂穂　之野

有田　田後　佐伯　建部

石津郡　大庭　建部　櫻樹　山埼

不破郡　山本　栗原　有寶　野上
新居　遠佐　大部　藍川
荒埼　三桑　高家　真野
池田郡　額田　壬生　小島　伊福
池田　春日
安八郡　那珂　大田　物部　安八
服織　長友

大野郡　楢斐　大神　明見　三桑

上秋　下秋　志麻　大田

石太　栗田　七埼

本巣郡　庶立　連市　安堵　美濃

穂積　物部　栗田　舩木

席田郡　美和　礒上　那珂　名太

方縣郡　村部　大居　鵜養　方縣

恩淡
厚見郡　市俣　川邊　三家　厚見
皆太
各務郡　村國　大揍　各務　那珂
芥見　三井
山縣郡　出石　大竹　片野　三田
大桑

武藝郡　御佩　跡部　生櫛　有知
白金　大山　稲朽　管田
楫可
群上郡　群上　安群　和良　粟原
賀茂群　埴生　美和　生部　井門
小山　日理　神田　中家
川邊　志麻　米田

可児郡　可児　日理　本井　矢集
他田

土岐郡　日吉　楢原　異味　土岐

恵奈郡　淡氣　安岐　繪上　繪下
坂本　竹折

飛驒國第九十

益田郡　益田《末之多》　秋秀《阿岐比之》

大野郡　大野　三枝左岐久佐　阿拝安波　山口

荒城郡　名張　荒城　深河布加波　餘見阿久美

高家加岐へ　遊口阿曽布

信濃國第九十

伊那郡　伴野度毛乃　小村乎无良　麻績乎美　福智布久知

諏訪郡　土武　佐補　美和　桑原

山鹿也万加　返良

筑摩郡　良田　崇賀曽加　辛犬加良以奴　錦服迩之古利
山家　大井
安曇郡　高家多交ヘ　八原　前科　村上
更級郡　麻績乎美　村上　当信唐奈　小谷乎宇奈
更級　清水之美三　斗女止米　池郷以計
氷鉋比加奈
水内郡　芋井伊毛為　大田於保太　芹田　尾張乎波利

大島　古野　赤生阿賀布　中島奈加之万

高井郡　穂科保之奈　小内　稲向以奈无支　日野賓能

埴科郡　倉科久良之奈　礒部以曽へ　舩山不奈夜万　大穴

屋代　英多穀太　坂城左加支

小県郡　童女乎无奈　山家也末加　須波　跡部

安宗阿曽　福田　海部阿末へ

佐久郡　美理　大村　大井　刑部

青沼　茂理　小沼

上野國第九十二

碓氷郡　飽馬安支末　石馬　坂本　礒部

石井波爲　野後能之利

片岡郡　若田和加太　多胡多古　高渠太加无曽　佐没

長野

甘楽郡　貫前奴支乃左岐　酒甘　丹生　那波

端下　端上　宇伎　有旦
那射　額田部　新居迩比也　小野
抜鋒
多胡郡　山字也末奈　織裳於利毛　韓科加良之奈　大家
武美　八田
緑野郡　林原波也之八良　小野　升茂　高足
佐味　大前　山高　尾張

保美　土師

邑楽郡　池田　疋太《比支多》　八田《也多》　長柄

下野國第九十三

足利郡　大窪　田部　提《堤》田　土師

梁田郡　大宅　深川

安蘇郡　安蘇　談多　意部　麻續

都賀郡　布多　高家　山後　山人

田後　生馬　秀文　高粟

那波郡　朝倉《安左久良》　鞘田《左也太》　田後《多之利》　佐味

委文　池田《伊計太》　薦東《アラツカ》

群馬郡　長野《奈加乃》　井出《為弖》　小野　八木

上郊《加无豆左乃》　畔切《安岐利》　嶋名《之末奈》　群馬

吾妻郡　長田《ナカタ》　伊参《以左未》　大田

利根郡　渭田《沼末多》　男信《奈末之奈》　笠科《加左之奈》　呉桃《奈久留美》

埶多郡　深田《フカタ》　邑田　芳賀《波可》　桂萱《加ツ加也》
真壁　深渠　深澤　時澤
佐位郡　多橋《奈波之》　雀部　美侶　佐井
淵名《布知奈》
新田郡　新田　澤野《加須乃》　石西　祝人《ハフリ》
淡甘
山田郡　山田　大野　園田《ソノタ》　真張《ミハリ》　小山
文

三嶋

寒川郡　眞木　池邊　奴宜

河内郡　丈部　刑部　大續　酒部

三川　財部　眞壁　軽部

池邊　衣川

芳賀郡　古家　廣妹　遠妹　物部

芳賀　若續　乘舍　石田

氏家　丈部　財部　川口
真壁　新田
塩屋郡　山上　片岡　河会　散伎
那須郡　大笥　熊田　方田　山田
大野　茂武　三和　全倉
大井　石上　里川
陸奥郷第九十四

白河郡　大村　丹波　松田　入野
鹿田　石川　長田　白川
小野　松田　小田　藤田
屋代　常世　高野　依上
磐瀬郡　磐瀬　惟倉　廣門　山田
白方
會津郡　伴　多具　長江　倉精久良改之

蓑方　大島　屋代　大江
耶麻郡　入野　佐戸　芳賀　小野
安積郡　丸子　小川　葦屋　安積
安達郡
信夫郡　小倉　日理　鍪山　静戸
伊達　安岐
苅田郡　篤借　苅田　坂田

柴田郡　柴田　衣前　高橋　篙城
駒橋　新羅
名取郡　栺賀　井上　名取　磐城
菊多郡　酒井　河邊　山田　大野
磐城郡　蒲津　丸部　神城　荒川
和　磐城　飯野　小高
片依　白田　玉造　楢葉

標葉郡 宇良 磐瀬 標葉
行方郡 吉名与之奈 大江 多珂 子鶴古豆面
真野末乃
宇多郡 長伴奈加止毛 高階多加之奈 仲村奈加无良 餘豊〻比止与
伊具郡 桁葉 廣伴 静戸 麻續
日理郡 坂本 菱沼 日理 坂本
望多末宇ー多

宮城郡　赤瀬安加世　磐城　科上　丸子
大村於保无良　白川　宮城　多賀
柄屋
里川郡　新田迩布多　白川
賀美郡　川島　磐瀬　餘戸
色麻郡　相模　安蘇　色麻
玉造郡　麻見　玉造　信太之多

志太郡　酒水左賀美三　志太
長罡郡　長罡　溺城
栗原郡　栗原　清水　仲村　會津
磐井郡　丈部　山田　沙澤　仲村
磐井
江刺郡　大井　信濃　甲斐　橋井
膽澤郡　白河　下野・　常口　上總

新田郡　山治　仲村　具治
小田郡　小田　牛甘　石毛　茂賀
遠田郡　清水
登米郡　登米　行方
桃生郡　桃生　磐城　磐越
氣仙郡　氣仙　氣〻如洗　大嶋
牡鹿郡　賀美　碧河

邪麻郡　分會　津群　畳

出羽國第九十五

最上郡　郡下　山方　最上　芳賀

阿蘓　八木　山邊　福有

村山郡　大山　長畠　村山　大倉

梁田　徳有

置賜郡　置賜　廣瀬　屋代　赤井

宮城　長井

雄勝郡　雄勝　本津　中村

山本郡　山川　大井　邑加　山本

御舩　鐙刀

飽海郡　大原　飽海　屋代　秋田

井手　遊佐　雄波　由理

河邊郡　川合　中山　邑知　田郡

大泉　稲城　荐泉

田川郡　田川　甚旀　新家　那津

大泉

出羽郡　大窪　河邊　井上　大田

秋田郡　添川　率浦　方上　成相

高泉

若狭郷弟九十六

遠敷郡　遠敷乎尓布　丹生尓布　玉置多末支　安賀

野里　志麻

大飯郡　大飯於保比　佐文　木津岐豆　阿遠

三方郡　能登　弥美　三方　大田

越前郷第九十七

敦賀郡　伊部　鹿蒜加比留　与祥　津守

従者之度无倍下同

丹生郡　賀茂　野田 能多　丹生 尓布　恩本 乎加毛上

可知　朝津 安佐不豆　三太 美

今立郡　芥川　大屋 於保也　酒井　味真

勝戸一 曽　服部 波止利　中山 奈加也末　舩津

曽博 曽波之

足羽郡　安味 阿美　額田　足羽 阿須波　草原

小名　江上　井手　中野

罡本　江治　野田　上家

川合　利苅止加利　日理和多利

大野郡

大治　大山　尾屋

資母　出水

坂井郡

粟田　荎泊　高向　磯部

長畝奈宇祢　高屋　坪江豆保江　福面布久呂

海部安末无倍　川口加波久知

加賀郷第九十八

江沼郡　長江　忌浪　山背　竹原

額田　菅浪須加奈三　八田夜多　三枚左以久佐

能美郡　軽海加流美　野身乃三　山上夜末加美　山下

兎橋宇波之

石川郡　中村　冨樫止无加之　椋部久良波之　三馬美万

拝師波世之　井手為天　笠間加左末　味知美乎

加賀郡　大桑於保久波　大野於保乃　芹田世利太　井家為乃以倍

英多江多　玉戈多未保古　田上多加美

能登郷第九十九

羽咋郡　大海　荳木　高家　羽咋

罡本　邑知　都知

能登郡　上日　下日　越蘇　八田

加嶋　与木　能来　長濱

鳳至郡　櫛師　小屋　男心　待野
珠洲郡　日置　草見　若倭　大豆
越中國第一百
礪波郡　川上《加波加美》　八田　川合　拜師
長岡　大岡　高楊《多加也岐》　陽知
三野　意悲　大野　小野
射水郡　阿努　宇納　古江《布流衣》　布西

三嶋　伴　布師《奴乃之》　川口
櫛田　塞口
婦負郡　高野　小子《知比左古》　大山《於保夜》　菅田《須加太》
日理　川合　大桑　高嶋
岡本
新川郡　長谷《波世》　志麻　石勢《伊波世》　大荊《於保也不》
川枯今巳　文部今巳　車持今巳　鳥取今巳

布留　佐味

越後郷弟百三

頸城郡　沼川《奴乃加波》　都有《三宇》　栗原　荳木

坂倉《以多久良》　高津《奈加津》　物部　五十公《以支美》

夷守《比奈毛利》　佐味

三嶋郡　三嶋　高家　多岐

魚沼郡　賀祢　那珂　刺上　千屋《知夜》

古志郡　大家　栗家　文原　夜麻
蒲原郡　日置　櫻井　勇礼《以久例》　青海《阿乎美》
小伏
磐船郡　佐伯　山家　利波　坂井
沼垂郡　足羽《阿須波》　沼垂《奴太利》　賀地
佐渡國第百二
羽茂郡　八桑《也久波》　松前《末都左岐》　大目《於保女》　菅生《須加字》

星越保之古之 高家多攴へ 水湊美奈上

雑太郡 石田以之多 高家 八多 雑太佐波太

賀茂郡 大野於保乃 殖栗恵久利 賀茂 勲知久知下音

女几又 佐為

和名類聚抄巻第七

和名類聚抄巻第八自山陰至山陽

郷里三

丹波郷第百三　丹後郷第百四
但馬郷第百五　因幡郷第百六
伯耆郷第百七　出雲郷第百八
石見郷第百九　隠岐郷第百十
播磨郷第百十一　美作郷第百十二
備前郷第百十三　備中郷第百十四
備後郷第百十五　安藝郷第百十六

周防郷第百七　長門郷第百十八

丹波郷第百三

桑田郡　山川乎加波　桑田　漢部　宗我部

川人加波无止　余部　池邊　弓削

山國　有頭

船井郡　刑部　志麻　船井　出鹿

田原　野口　須知　鼓打

木前

多紀郡　草上 久左乃加三　宗部　真継　河内

神田　榛原　日置

氷上郡　栗作 和ゞ　楽田 宗久多　原屋 曽不　舩城 布奈文

春部 加須可信　美和　竹田　前山 左文也末

以上東縣　佐治　伊中　賀茂

氷上　石前 以波左岐　葛野 加止乃　沼貫

為波良

井原 為波良 已上西縣

天田郡 六部 五部 宗部 雀部

和久 拝師 奄我 川口

夜久

何鹿郡 賀美 拝師 八田 吉美

物部 五雀 高殿 和部

栗村 高津 志麻 文井

小楕　漢部　三方

丹後國第百四

加佐郡　志樂之良之　椋橋　大内　田邊

凡海於布之安末　志託之多加　有道安里知　川守

餘戸

與謝郡　宮津　日置　拜師波也之　物部

山田　謁叡安知江

丹波郡　大野　新治　丹波　波　周枳
三重
竹野郡　木津《岐都》　網野　鳥取　小野
間人　竹野
熊野郡　田村　佐濃　川上　海部
久美
但馬郷第百五

朝来郡　山口　桑市　伊田　賀都《加三》

牧田《比良多》　東河《度加波》　朝来　粟賀《阿波賀》

礒部

養父郡　糸井　石禾《以左和》　養父　賀毎

軽部《加流倍》　大屋　三方　建屋

養耆《夜岐美須》　長田　遠佐　驛里

出石郡　小坂《乎左加》　安美　出石　室野

埴野《波迩乃》　高橋　資母

氣多郡　太多　三方　樂前《左止乃久未》　高田

日置昌　高生《多加布》　徒治《佐乃》　賀陽

城埼郡　新田《迩布多》　城埼　三江　奈治

田結《多由比》

美含郡　佐須　竹野　香住《加須美》　美含

長井

二方郡　久斗久上　二方　田公多支美　大庭

八太　温泉由　刀使　熊野

七美郡　兎束　七美　小代乎之呂　射添以曽布

因幡國第百六

巨濃郡　蒲生　大野　宗治　日野

石井　高野

法美郡　大草於保加也　罵城度岐　廣城比呂世　津井豆乃井

稲羽奈波　服部

八上郡　若櫻　丹氏　刑部　日理

日部　和部　土師　大江

散伎　石田　佐井

智頭郡　美成　佐治　土師　日部

三田

邑美郡　美和　古市　品治　鳥取

邑美

高草郡　倭文之止利　味野阿知乃　古海　能美

氣多郡　大原　坂本　日治　波見

大坂　日置　勝部

伯耆國第百七

河村郡　笏賀　舍人　多駄　埴見　日下　河村
竹田　三朝

久米郡　八代　楮縫　山守　大鴨　小鴨　久米
勝部　神代　下神　上神

久米郡　勝部　神代　下神　上神

八橋郡　方見　由見　楚木　古布　八橋
箟津

汗入郡　束積　汗入　奈和　尺度　高住
新井

會見郡　日下　細見　美濃　安曇　巨勢
鮫屋　天万　千太　會見　星川
鴨部　半生

日野郡　野上　葉侶　阿太　武庫　日野
布勢　野坂乃左加　刑部　大坂　日置
勝部　日野
出雲卿第百八
能義郡　舎人　安来　口継　屋代　山國
母國　母理　野城　賀茂　神戸
意宇郡　宮道　来待　拝志　忠部　山代

大草　筑陽
嶋根郡　朝酌　山口　千染　美保　方結
賀知　多久　生馬　法吉　千酌
秋鹿郡　恵曇　多太　大野　伊農
楯縫郡　佐香　楯縫　玖潭　治田
出雲郡　建部　漆治　河内　出雲　杵筑
甲努　美談　宇賀

神門郡　朝山　日置　塩冶　高岸
南佐　多伏　伊秩　狭結
古志　塢狭　八野
飯石郡　能石　三屋　草原　飯石
多祢　田井　須佐　伎多　来嶋
仁多郡　三處　布勢　漆仁　三澤　阿位
横山

大原郡　神原　尾裛　湖海　佐世
阿用　來次　斐甲　大原
屋代
石見郷弟百九
安濃郡　波祢　刺鹿　安濃　静間
髙田　川合　邑陁　佐波
迩摩郡　託農《乃多乙久》　大國　湯泉由　津道都知

大家　都治

那賀郡　都農　都於　石見　周布

三隅　杵束岐豆加　伊甘以加三

邑知郡　神稲　邑美於保美　櫻井　都賀

佐波

美濃郡　都茂豆毛　益田末須太　山田　岩

大農於保乃　美濃　小野

鹿足郡　鹿足　能濃
隠岐郷弟百十
知夫郡　宇良　由良　三田《美多》
海部郡　布勢　海部　佐作
周吉郡　賀茂　奄可《阿无加》　新野《仁比乃》
隠地郡　都麻　河内　武良
播磨郷弟百十一

明石郡 葛江 布知衣 明石 住吉 邑美 於保見
垂水
賀古郡 望理 末加里 長田 住吉 賀古
印南郡 大國 益田 末須太 含藝 賀太奈牟國用河南
佐突 左都知 國用佐太
餝磨郡 菅生 須加布 美賀 安加 伊和 辛室 加良牟呂
今改安室 大野 英保 安母 三野

宍禾《河奈之》 下達《以多知》 巨智《古知》 手野

草上

揖保郡

粟栖《久流須》 香山《加宇也末》 越部《古之倍》 林田《波也之太》

桑原 布勢 上岡《加无乃乎加》 揖保

大市《於保知》 大田 新田 浦上《宇良加美》

大宅《於保也介》 廣山 小宅《乎也計》 石見

中臣

赤穂郡　坂越佐古之　八野　大原　筑磨都久末

野磨　周勢須古　高田　飛鳥

佐用郡　佐用　江川衣賀八　廣岡　速瀬

柏原　大田　中川　宇野

宍粟郡　三方美太　高家多以恵　比地　柏野加之ハ乃

安志　石作以之都久利　伊和　土万比知末

神埼郡　埴岡波尓乎賀　蔭山加介也末　川邊加波乃倍川述　因用

的部《以久波》　槻田
多可郡　蔗田　賀美《國用上字》　那珂《國用中字》　資母《國用下》
里田《久呂太》　蓼田《波布太》　國用這田
賀茂郡　三重《美倍》　上鴨《加无都加毛》　穂積　川内
酒見《左賀美》　川合　住吉
美嚢郡　志深《之ゝ美》　高野《多賀乃》　平野　吉川《与加八》
美作郷第百十三

英多郡

英多　江見《衣美》　大野　讃甘《佐奈保》

大原　粟井　廣井　楢原

林野　巨勢　川會

勝田郡

勝田《加豆末太》　飯岡《以保加》　塩湯《之保由》　殖月《宇倍津岐》

香美《加々美》　吉野　廣岡　豊國

新野《迩比乃》　賀茂　河邊　鷹取

和氣

苫東郡　苫田《止万多》　高田　高野　綾部《安也倍》

美和《三禾》　賀茂　林田《波以多》　高倉

苫西郡　田中　田邉　田邑《多乃无良》　布原《吉　与之波良》

能難《乃計》　大野　香美

久米郡　大井　倭文《之止利》　錦織　長岡

賀茂　弓削　久米

大庭郡　大庭　美和　河内　久世

田原　布勢

眞嶋郡　眞嶋　垂木　鹿田《加多》　大井

栗原　美甘《三加毛》　建部　月田

井原　高田

備前郷弟百十三

和氣郡　坂長《散加奈加》　藤野　葛原《末須波良》　新田《尓布多》

磐梨郡　和氣　石生《以波奈須》　那磨　肩背《加多世》

礒名　物理《毛止以一》
邑久郡　邑久　靭負《由計比》　土師　須恵
長沼《奈加奴》　尾沼《乎奴》　尾張　杯梨《都奈之》
石上《管乃加美》　服部《波止利》
赤坂郡　周匝《須佐比》　宅美《多久三》　軽部　高月
鳥取　葛木
御野郡　牧石《比良之》　廣西《比呂世》　出石《以豆之》　御野《美乃》

伊福 以布久　津嶋 豆之万　建部

津高郡　賀茂　津高

児嶋郡　三家 美也介　都羅 豆良　賀茂　児嶋

上道郡　宇治　幡多 波多　可知 加知　上道

財部　居都 古豆　日下　肝絶 奈岐

豆田 末女多

備中國第百廿

都宇郡 河面賀毛 撫河奈豆加波 深井不加為
窪屋郡 大市於布知 阿知安知 美簀國用三須 眞壁
輕部加流倍
賀夜郡國用賀陽
庭妹迩波世 板倉以多久良 足守安之毛利 大井於保為
阿曽安曽 服部波止利 八部夜多倍 生石於保
刑部 日羽比波 多氣多計 巨勢

有湊 宇賀迩

下道郡

穂太 保以太　八田 也多　迩磨 尓万 國用三万　曽能

秦原 波多波良　訓代 久之呂 國用訓字　近似 知賀乃利

成羽 奈之波　弟翳 弖 國用手字　穴田 安奈多

湯野 由乃　河邊　呈妹 足末

浅口郡

阿智 安知　間人 波之布上　船穂 布奈保　占見 宇良美

川村 加波无良　小坂 乎佐賀　拝師 波也之　大嶋 於保之末

小田郡　實成 美奈利　拝慈 波也之　草壁 久佐加ヘ　小田 乎多
甲努 加布乃　奥渚 以乎須奈　驛里 无末也
後月郡　荏原 衣波良　縣主 阿加太　土部 竺一　足次 安之我
哲多郡　石蟹 以之賀　新見 迩比美　神代 加无之呂　野駄 乎多
額部 乃倍　大飯 於保比
英賀郡　中井 奈加互為　水田 美都多　此二部 安作ヘ　刑部
丹部 多知閇

備後國第百十五

安那郡　大家　髙迫　三谿　梜原

大坂

深津郡　中海　大野　大宅

神石郡　神石　志　髙市　三坂

奴可郡　刑部　道部　牛意　三上

沼隈郡　津宇　赤坂　春部　諫山

品治郡 品治 待道 佐我 石淺
神田 服織
葦田郡 佐味 廣谿 葦浦 都祢
葦田
甲奴郡 矢野 甲奴 田總
三上郡 多可 信敷 云木 神代
三上

恵蘇郡　恵蘇　春部　刑部
御調郡　伯多　柞原美波良　者度　佳質加之止
小國乎久仁　日嶋乎乃之末　歌嶋宇多乃之末
世羅郡　桑原　大田　津口　鞆張
三谿郡　三谷　松部　江田　額田
刑部
三次郡　上次　幡次　下次　布努

郷

安藝國第百十六

沼田郡　沼田　舩木　安直阿知賀　真良信濃

梨葉　都宇

賀茂郡　賀茂　志芳之波　造果佐宇加　高屋太加夜

入農迩比乃　訓養夜奈久迩　香津　木綿

大弓

安藝郡　漢辨加倍　弥理美利　河内　田門太度

幡良（波羅）　安藝　船木　養隈（夜乃）

阿滿（阿末）　宇山

佐伯郡

養我　種箆　緑井　若佐

伊福　桑原　海　替濃

建部　大町　太茂

山縣郡

賀茂　壬生　山縣　品治

宇岐

高宮郡　苅田葛太　内部宇知内　竹原　高宮

丹比多知比　訓覓久流内岐

高田郡　三田美　豊嶋　風速加佐波也　麻原

川立加波多知　舩木　粟屋安波夜

豊田郡　豊田　登能　能美　訓芳

安宿　椹梨

周防郷第百十七

大島郡　屋代　美敷　務理

玖珂郡　玖珂　柞原　野口　多太

由宇　大野　伊寶　石國

熊毛郡　周防　熊毛久末計　多仁　美和

波羅

都濃郡　久米　都濃　富田度无多　生屋

平野

佐波郡　牟礼　達良太々良　佐波　日置
玉祖多末乃也　勝間加三万
吉敷郡　八田　宇努宇　仲河　益必和介比止上
廣伴　神前　多寶　八千
賀寶
長門郷第百十八
厚狭郡　良田与之多　小幡乎波多　厚狭阿豆佐　久喜

二家 不多閇

豊浦郡 田部 多閇 日内 宇豆比 生倉 以久良 室津 无呂豆

額部 加久元 栗原 久利波良 神田 加无多

美祢郡 美祢 諸鋤 久之波 位佐 荘 作美

賀万

大津郡 三隅 美須見 深川 不加波 日置 稲妻 以奈女

向國 无加豆久近

阿武郡 阿武

阿武郡 阿武 椿木 豆波 交 大原 宅佐

多万 住吉

和名類聚抄巻第八

和名類聚抄巻第九 自南海 至西海

郷里四

伊紀郷百十九 淡路郷百二十

阿波郷百卅一 讃岐郷百卅二

伊豫郷百廿三　土左國（郷）百廿四

筑前郷百廿五　豊前（筑後）郷百廿六

筑後（豊前）郷百廿七　豊後郷百廿八

肥前郷百廿九　肥後郷百卅

日向郷百卅一　大隅郷百卅二

薩摩郷百卅三　壹伎郷百卅四

對馬郷百卅五

紀伊郷第百十九

伊都郡　賀茂　村主　指理　桑原

那賀郡　石手　橋門　那賀　荒川《アラカハ》

山埼　埴埼

名草郡　大屋　直川　苑部　大田

大宅　忌部　誰戸　斷金

野應　津摩　國縣　有真《アリマ》

大屋　苣賀　大野　朝来
海部郡　賀太　濱中
在田郡　吉備　温笠　英多　奈郷
日高郡　財部　清水　内原　石渕
南部
牟婁郡　岡田　牟婁　栗栖　三前
淡路郷第百卅

淡路國弟百卅

津名郡 津名 志筑 賀茂 安平

廣田 都志 來馬 久流万 育波 以久波

三原郡 倭文 幡多 養宜 榎列

神稲 阿万

阿波國弟百卅一

板野郡 川島 加波之万 井隈 為乃久末 津屋 豆乃也 高野 太加乃

小鳴 乎之末 田上 多乃加美 山下 也末之多 松島 万豆之末

阿波郡　高井多加為　秋月安支豆支　香美加久三　拜師波也之
美馬郡　秦原波以波良　三次美須支　大嶋於保之末　大村於保无良
三好郡　三縄美奈波　三津美豆　三野美乃
麻殖郡　呉嶋久礼之末　忌部淫同　川嶋　射立伊多知
殖土波迩　高足多加之　土師　櫻間佐久良末
名東郡　名方奈加多　新井迩比為　賀茂　井上
殖粟　八万波知万

勝浦郡 篠原《之乃波良》 託羅《多加良》 新居《迩比乃為》

那賀郡 山代《夜末之呂》 大野 嶋根《之末祢》 土火《伊三三》

坂野《左加乃》 惜羅《波良》 知射《〻讀如左》 海部《加伊布》

讃岐國第百卌二

大内郡 引田《比計太》 白鳥《之良止利》 入野《迩野乃衣》 与泰《〻〻如田訓》

寒川郡 難破 石田《以之多》 長尾《奈加乎》 造太

鴨部 神埼 多和

三木郡　井門《為乃倍》　高恩　氷上　田中

井上　池邊《伊介乃倍》　武例《无礼》　備羅《波良》

山田郡　埴田《宇恵多》　池田　坂本　蘇甲《曽加波》

三谷《美多迩》　拝師　田中　本山

高松　宮所《美也止古呂》　喜多

香河郡　大野　井原《為乃波良》　多配《多倍》　大田

笑田《能波良》　坂田　成相井《奈良》　河邊

中間奈加豆　飯田以比太　百相毛々奈久　笠居加左乎利

阿野郡　新居尓比乃美　山田　羽床波以可　甲知

鴨部加毛　氏部宇知倍　山本　林田波以多

松山

鵜足郡　長尾　小川　井上　栗隈久利久末

坂本　川津　二村　津野

那珂郡　真野　良野与之乃　子松古末豆　高篠多加之乃

櫛无 久之奈之　垂水 多流美　善徳 智多

多度郡

三野郡　勝間 加豆末　大野　本山　高野

熊罡 久万乎加　高瀬 多加世

刈田郡　山本　紀伊　作田 久沼以多　坂本

高屋　姫江 比米乃江

伊与郷第百廿三

宇摩郡　山田　山口　津根《豆袮》　近井

新居郡　新居　井上《為乃倍》　嶋山《久末衣末》　立花　賀茂

周敷郡　田野《多乃》　池田　井出　吉田《与之多》　石井《以之井》

桑村郡　籠田《古多》　御井《三為》　津宮《津乃美也》

越智郡　朝倉　高市《多計知》　櫻井《佐久良井》　新屋

拝志《波也之》　給理《古保利》　高橋　鴨部《加毛倍》

日吉《比与之》　立花

濃滿郡　宅万《多久万》　英多《阿加多》　大井　賣多《散賀多》

風早郡　粟井　河野　高田　難波

那賀

和氣郡　高尾《多加乎》　吉原　姫原《比女乃》　大内

温泉郡　桒原　井上　味酒《无万左介》

久米郡　天山《安末也末》　吉井《与之為》　石井

浮穴郡　井門《為反》　拝志　荏原《衣波良》　出部《伊豆へ》

伊与郡　神前　吾川《阿加波》　石田《以之田》　罡田

喜多郡　矢野　久米　新屋

宇和郡　石野《以波野》　石城《以波岐》　三門　立間《多知末》

土左國《知》第百廿四

安藝郡　室津《无呂豆》　安田　丹生　布師《沼乃之》

和食《知之岐》　里鳥　玉作

香美郡　安須　大忍《於保太止》　宗我《曽加》　物部

深渕 布加布知　山田　石村 以波无良　田村

長罡郡　登利 安賀里　殖田 宇恵多　宇部 曽加へ　江村

大角　斤山　氣良　篠原

大曽 於保曽祢

土左郡　土左　高坂　鴨部　朝倉

吾川郡　仲村　桑原　大野　次田

高罡郡　高罡　吾川　海部　三井

幡多郡 大方（宇知） 鯨野 山田 枚田

筑前國（郷）第百廿五

怡土郡 飽田（宗我多） 託社 長野 大野

雲須（久毛 春） 良人 石田（以之多） 海部

志麻郡 韓良（加良漢 知） 久米 登志（度之） 明敷

鷄永 川邊 志麻

早良郡　毗伊《比》　能解《乃許》　額田　早良
平群　田部　曾我《曾加へ》
那珂郡　田来　日佐《乎左》　那珂　良人
海部　中嶋　三宅《美也个》　山田
板引《以多比》
席田郡　石田《以之多》　大國　新居
糟屋郡　香椎《加須比》　志阿　厨戸　大村

池田　阿曇　柞原《久波良》　勢門《世上》

敷梨

宗像郡　秋　山田　怡土　蓋自《安良之》

野坂　蓋木　海部《阿末》　席内《无之呂　乎治》

深田　蓑生《美乃布》　辛家　小蓋

大蓋　津九

遠賀郡　埴生　恒前　山鹿　宗像

門浦　木夜

鞍手郡　金生加奈布　二田布多々　生見以久美　十市

新分迩比伎多　粥田加以多

嘉麻郡　草壁　三緒　大村　綱別都奈和岐

山田　馬見无末美　碓井宇須為

穂浪郡　三坂　薦田古毛多　大師　堅磐加太之末

穂浪保奈美

夜須郡 中屋 馬田 加美 雲提
川島 粟田
下座郡 馬田 青木《安乎岐》 秋鑒猳食《久波田》 三城《美奈岐》
美囊
上座郡 把伎《ハキ》 壬生 廣瀬 柞田
長渕 河東 三嶋
御笠郡 御笠 長岡 次田 大野

筑後郷第百廿六

御原郡　長栖　日方《比加多》　板井　川口

生葉郡　椿子　小家　大石　山北

姫治《比女奴》　物部　高西

竹野郡　桀刈　二田　竹野　長栖

舩越　川會

山本郡　土師　蒲田　吉見　三重　芝澤

御井郡　葥原　倖太　殖木　弓削
神代《久万之呂》　賀駄　大城　山家
三瀦郡　高家　田家　三瀦　鳥養
夜用《夜介》　青木　荳木　管綜
上妻郡　太田　三宅　葛野　桑原
下妻郡　新居　廉待　村部
山門郡　大神　山門　草壁　鷹尾　大江

三宅郡　米生《与祢布》　十市　磯上　日奉
豊前郷弟百廿七
田河郡　香春　雉怡　位登　城田
企救郡　長野　蒲生
京都郡　諫山　本田　刈田　高来
仲津郡　呰見　蒭野　城井　徠度
高屋　中臣　仲津　高家

築城郡 綾情 桑田 鵜木 大野
上毛郡 山田 炊江 多布 上身
下毛郡 山國 大家 麻生 野仲
諌山 穴石 小楠
宇佐郡 野麻 酒井 葛原 封戸
向野 廣山 垣田 高家
深見 辛嶋

豊後郷第百廿八
日高郡　安伎　伊美　来縄　田染
津守
球珠郡　今己　小田　永野
直入郡　松納　三宅　直入
大野郡　田　大野　緒方　三重
海部郡　佐加　穂門　佐井　丹生

日田　在田　夜開　日理
文連　石井
大分郡
阿南　植田　津守　荏隈
判太　跡部　武蔵　笠租
笠和　神前
速見郡
朝見　八坂　田布　大野
山香

國埼郡　武蔵　来縄　國前　田染
阿伎　津守　伊美
肥前國第百卅九
基肄郡　姫社　山田　基肄　長谷
養父郡　狭山　屋田　養父　鳥栖
三根郡　千栗《知利久》　物部　米多　財部
葛木

神埼郡　蒲田　三根　神埼　宮處

佐嘉郡　城埼　巨勢　深海《布加无》曽　防所

小津《乎川》　山田《ヤ三タ》

小城郡　川上　甕調《美加三支》　高来　伴部

松浦郡　庇羅　大沼　値嘉《知賀》　生佐

久利

杵島郡　大村　彼杵《曽乃岐》

蔣津郡　塩田　能美

彼杵郡　多駄　杵島伎之末　能伊　嶋見之末美

高来郡　山田　新居　神代加无之呂　野鳥

肥後郷第百卅

玉名郡　日置　為太　石津　下宅

宇部　大町　大水　江田

山鹿郡　著人　来民　伊智　夜開

緒絲　津村　神世　温泉
小野
菊池郡　城野　水島　辛家　夜開
子養　山門　上甘　日理
柏原
阿蘓郡　浪（波）良　知保　衣尻　阿曽
合志郡　合志　小川　山道（道）　鳥嶋

口益　鳥取

山本郡　三重　高原　鳥口　山本
殖生　佐野　本井

飽田郡　宮前　加備　小埴　私部
栗北　天田　川内　水門
殖木　下田　市田　蚕養

託麻郡　酒井　津守　桑原　波良

漆嶋　三宅　上嶋　下井
益城郡　當麻　子梅　加西　坂本
益城　麻部　富神　宅部
宇土郡　諫染　櫻井　林原　大宅
八代郡　木行　高田　小河　肥伊
豊福
天草郡　波太　天草　志記　恵家　高屋

葦北郡　葦北　桒原　伴　野行
巨野　川田　水俣
球磨郡　久米　球玖　人吉　東村
西村　千脘
日向郷第百卌一
臼杵郡　氷上　智保　英多　刈田
兒湯郡　三納　穂北　大垣　三宅

覩唹　韓宅　平群　都野
那賀郡　夜開　新居　甲嶋　物部
宮埼郡　飫肥　田邊　嶋江　江田
諸縣郡　財部　縣田　瓜生 國内加野字云 宇利布乃
山鹿　穆佐　八代　大田
春野
大隅卿第百卌二

菱苅郡　羽野　出野　大水　菱刈
桑原郡　大原　大分　豊國　答西
稲積　廣西　桑善　仲川國用
仲津川三字
贈唹郡　葛例　志摩國用嶋字　阿氣　方後
人野
大隅郡　人野　大隅　謂刈　姶臈

大阿　文刀
姶羅郡　野裏　串占　鹿屋　岐刀
肝属郡　桑原　鷹屋　川上　鴈麻
馭謨郡　謨賢　信有
熊毛郡　熊毛　幸毛　阿枚　有郷
薩摩郷弟百卅三

出水郡　山内　勢度　大家　國形

高城郡　合志　飽多　欝木　宇土

新多　託万

薩摩郡　避石　幡利　日置

甑嶋郡　甑嶋

日置郡　冨多　納薩　合良

伊作郡　鷹屋　田尻　葛例　阿多

阿多郡

河邊郡　川上　稲積

頴娃郡　用聞　頴娃

揖宿郡　揖宿

給黎郡　給黎

谿山郡　谷山　久佐

麑嶋郡　都萬　在次　安薩

壹岐嶋第百卅四
壹伎郡　風本　可須　那賀　田河
鯨伏　潮海　伊宅　伊周驛家
石田郡　石田　物部　特通驛家　篦原
沼津
對馬嶋第百卅五
上縣郡　賀志　鶏知　玉調　豆酘

下縣郡　伊奈　向日　久須　三根
佐護
以上三千七百卌五郷
和名類聚抄巻第九
和名類聚抄巻第十　居處
居處部第十
屋宅類第百卌六　屋宅具第百卌七

屋宅類弟百卌六

屋舎　舎名附出

陸詞切韻云屋烏谷反和名夜舎也周礼注云舎音謝

訓與屋同休休處也禁中舎名昭陽舎在温明殿北奈之豆保

淑《シク》景《ケイ》舎在昭陽舎北岐利豆保

飛香舎在弘徽殿西布知豆保

凝華舎 在飛香舎北 手末豆保 雷鳴壺在凝華舎北加美奈里乃豆保
襲芳舎 以霹靂 俗謂之

唐令云宮殿皆ー 弁色三成反 安三上保
同令云庶人門舎不得過一門ー 鞘色三成反 ー之麻尼
唐令云宮ー也 名止乃 青電和 殿名 紫宸殿 俗謂之南殿
仁寿ー 北 在紫宸 承香ー 北 在仁寿 常寧ー
在承香北 俗云 校猴从未知 貞観ー 之介止乃 在常寧北御匣殿裁縫衣服也 ー之

回門
雨下
殿ノ名附出

春興《ヨウ》ー東之南一　宜《キ》陽ー在春興北　綾綺ー在宜陽北
温明ー在綾綺東　麗景《レイケイ》ー在綾綺北
宣《セン》耀《エウ》ー在麗景北　安福ー西之南一　校書ー在安福北
清涼ー在校書北　後涼ー在清涼西
弘徽ー在清涼北　登華ー在弘徽北　大極殿
朝堂院正殿名也　豊楽ーーー院正殿名也本名乾臨閣為外記泉　尭西殿之名特以ーー又此殿名耳
年末説
止乃

寢殿

堂一名附

四聲字苑云一上稔反和名於保夜方言安月与止乃寢室也

釋名云一徒郎反俗奴浪反猶堂々高顯皃也

堂名　昌福堂在大極殿巽方　含章一在昌福一南

承光一在含章一南　明礼一在承光一南　延休一在大極一坤方

含嘉一在延休一南　顯章一在含嘉一南　延禄一在顯章一南

永寧一在延禄一東　脩式一在永寧一北　暉章一在脩式一東

康樂一在暉章一南　朝集一會昌門外東西堂名　顯陽一在豊樂一東北

観徳ー在顕陽ー南　承観ー在顕陽ー西　明義ー在承観ー西

院　蔣魴切韻云ー于眷反俟音如鋗別宅也

楼　四聲字苑云今謂臺上構屋爲ー音婁辨色立成云太加止乃
楼名　蒼龍楼龍尾道東　白虎ー在龍尾西　棲鳳ー應天門東　翔鸞ー
應天門西　棲霞ー東北　豊楽殿　麗《せイ》景《ケイ》ー同殿西北　澄清ー在棲霞初
文殊ー在天台山　臨海ー在長門西

櫓 唐韻云ー《ヤクラ》音魯今案舟具之ー宜作艣見舟具ー謂夜久良漫勝経云却敵楼ー是也城上守禦楼也

臺樹 尓雅注云徒来反和名積土為之所以観望也 尚書注云土高曰臺有樹曰榭臺音徒来反榭音謝和名宇天《テ》奈

廊 唐韻云ー音郎漢語抄云保曽止乃殿下外屋也

房 ー名附出 釈名云ー音防俗音望在室之両方也禁中房名華芳ー在宮内東北隅 桂芳ー在華芳東 蘭林ー在式乾門内東今亡

坊｜名附出

為術壹所 壹所也也 声類云｜音方 和名末知 一｜房 別屋也 四声字苑

云村《ムラ》 音乎和 名无良 野外聚居也 坊名教業｜三條東 大学寮

左京職寺 在此坊 豊財｜三條西右京職 穀倉院等在此｜ 永昌｜四條東

永寧｜四條西朱雀 院在此｜ 宣風｜東 五條 宣義｜西 五條

淳風｜六條東 光徳｜六條西 安衆｜七條東鴻臚 館在此｜

毓財《イクサイ》｜七條西毓 養也 崇《ス》仁｜東 八條 延寿｜西 八條 開建｜東 九條

名ゝ
陶化ー九條西ー

樓閣　考聲字苑云今謂臺上構屋為樓音婁辨色立成云太加度能　野王案閣音各今案謂朱在門為重閣是　重門複道也

観　釋名云ー音貫嵯峨有栖霞ー　於上観望也

行宮　日本紀私記云ーー加利美夜今案保天頓宮也

假床　類聚國史云ーー《サセキ》古両云佐受杉ー今案假構屋内床之名也

助鋪　辨色立成云ーー和名古夜一云比太岐夜　如衛士屋也

室　無戸付　白虎通云黄帝作ー　音七和名无呂　以避寒

暑日本紀私記云無戸ー　宇都无呂

亭　釋名云ー　音停ー辯色立成云客ー阿波良ー子　者遊息處也屋也

館　唐韻云ー　音官字作ー和名太知　日本紀私記云无路都美　客舎也

廳　四聲字苑云ー　音丁俗音長日本紀私記　云末豆利古度々乃　廷屋

又衙ー也

家　弟宅付　四聲字苑云ー　音嘉和名　与宅同　人所居處也漢書音

義云宅有甲乙次第故曰第宅也

宇　唐韻云ー音羽訓夜賀須宁也宁直呂反上聲之重門屏之間

營　唐韻云ー余傾反日本私記云以保利軍ー也

倉廩《サウリム》　兼名苑云囷唐韻云去倫反又渠隕反上聲之重倉圓曰ー一名廩唐韻力稔反倉有屋曰ー倉也釋名云倉七罡反和名久良藏也藏穀物也

窖　四聲字苑云音教漢語抄云豆知久良倉ー土中藏穀也

庫 附棚閣

唐令云諸軍器在ー 音袴漢語抄云 豆八毛能久良 背造棚閣 朋客二音 和名太奈 安置別異

厨

說文云ー 直誅反ー家 和名久利夜 庖屋也庖 薄交反 食厨也

廐

同聲字苑云 音救上聲之重 和名元万夜 牛馬舍也

廥

同字苑云ー 音膾漢語 抄久蔵夜 芻藁蔵也

肆 市付

唐令云諸市每ー 和名伊 知久良 立標題說文云市

時止反上戸之
亩和名以知　賣買所也

邸家　辨色立成云ー　邸音丁礼反今案停賣 俗云津屋此類也
物取債家也

店家　四聲字苑云店　都念反今案 俗云町此類也　坐賣舍也

窟　説文云ー　音骨和名 以波夜　土屋也野王案掘地為ー也

窨　辨色立成云ー　於禁反和名 宇流之无路　地室也一云漆屋也

窯　唐韻云ー　音遥楊氏漢語 抄加波良夜　焼瓦ー也

菴室　唐韻云ー 烏含反ー室俗云阿元之知 小草舎也

廬　毛詩注云農人作ー 力魚反和名伊奉 以便田事

庇　唐韻云ー 必至反和名比佐之 ー廕也 於禁反 蔭色之

成云梅簷 和名上同

廁　唐韻云圂 胡困反字亦作溷 廁也釋名云ー 音四和名加波夜

或謂之圊 音清 言至穢處宜常修治

使潔清也

屋宅具第百廿七

甍　釋名云屋脊曰｜音萌和名伊良加在覆蒙屋也兼名云｜一名棟多貢反訓異故別置之

棟　尒雅云｜謂之桴音敷一音浮和名无祢唐韻云檼隱已去聲棟也

瓦　蔣魴切韻云｜五寡反和名加波良燒泥爲之蓋屋宇上逢美子造也

花瓦　弁色立成云ーー　鐙瓦也阿布美加波良

疏瓦　同立成云ーー　都ゝ美加波良

牝瓦　唐韻云瓪 音板和名女加波良　屋牝瓦也

牡瓦　唐韻云甍 音甍和名乎加波良　屋ーー也

棧　楊氏漢語抄云 初限反 瓦乃衣都理　日本私記云

蘆萑 和名上同今案唐韻萑胡官反葦也然則以蘆萑為ーー也

鴟尾　唐令云宮殿皆四阿施ーー　辨色立成云久都加太ゝ多載于同

漢柏梁殿災越巫獻術取鴟魚尾置於殿上以禳火之今以瓦為之

檐　居韻云ー　余廉反字亦作簷和名能岐　屋ー也

飛檐　文選注云ーー　世間音比衣毛　棟頭似鳥翅舒將飛之狀也

楄梠　文選云檻文梍　音琵一音篦師説文ー加佐礼留乃波須介　楊氏漢語抄云ーー　綿呂二音和名上同　一云雀梠

懸魚　顔之推詩云ーー掩金扇　辨色立成云屋春桁端懸板名也凡桁端有之

搏風 辨色立成云ーー板 比冝上音布惠反楊氏漢語抄同

桁 孝聲切韻云ーー 音行又去聲計太 屋標也

林朕反 至ー也

梁 唐韻云ー 音良和名宇都波利 棟ー也 介雅注云

杗廇 巨雷二音 謂大梁也

長押 切程式云ーー 和名奈計之

欀 釋名云ー 音襄和名太流岐 楊氏云波知木 在檼旁下無

也兼名苑云一名榱一名椽音傳

璫　文選云裁金璧以飾ー音當師説古之利又耳ー見服玩具
劉良曰言以金璧飾椽論也

桷　介雅注云ー音角和名須美次屋四阿大棟也

天井　風俗通云殿舎作天井菱《リヨウ》藻《サウ》水中之物
以猒火災《サイシ》也

⿱竹障子　通俗文云ー《カウし》ー⿱竹障音障子亦作格竹障名也

篰　周礼注云ー　音部字或作蔀　和名之度美　覆暖障光者也

柱　末柱付　説文云ー　音注　和波之良　功程式云末ー豆加波師良　楹也　唐韻云

楹　音盈　柱也

欄額　辨色立成云ーー　和名波之良沼岐　柱貫也

枓　唐韻云ー　音斗　和名度加太　柱上方木也

枅　唐韻云ー　音鶏　漢語抄云比知岐　程式云肱木　承衡木也

栭　介雅注云ー　音而　文選師説　多々利加太　欂櫨也　説文云

櫨薄盧二音 柱上枅也
枕
尓雅云上柱謂之ー音杜和名宇多知 楊氏云蜀柱 孫炎
日梁上侏儒柱也加美江今案本
鴨柄
切程式云ーー文未詳
杈首
漢語抄云ーー左須杈音 初牙反
軒檻
漢書注云軒虚言反 檻上板也檻音 監
文選ー讀師說 於保之万
殿上欄也唐韻云欄音蘭 漢語抄云檻ー

階除木勾欄亦同

簀 付枚数

蒋魴切韻云簀 音責切程式云枚數云々 簀子云ー和名須乃古 床上藉竹名也

柱礎

唐韻云礩 徒手反和名都美以之 一云以之須恵 柱礎也 音楚

柱

壇

考聲切韻云ー 達丹反俗云平音濁 封土四方而高也

堦

同切韻云階 音皆俗為堦字和名波之一訓之奈 登堂級也

𨔙　兼名苑云砌一名階　砌音細訓美岐利

𨔙　考聲切韻云𨔙　音丁叉和名迩波　屋前也

墻壁類第百卅八

垣墻　尒雅云墻　音常　謂之墉　音庸　李巡曰謂垣　音袁和名加支

築垣　淮南子云築作垣　和名都以加支一云豆以比知

女墻　兼名苑云女墻一名墚　音條　城上小垣也樟名

云城上垣曰埤堄 裨詣二音 又作陴倪 或曰女墻言其卑小
比之城若女子之於丈夫也

柵 説文云丨索音 説文云丨索音 編竪木也

屏 唐韻云罘罳 浮思二音 屏也 尒雅注戸屏
音餅 小墻當門中也

籬 附栫字 釋名云丨 音離字又作欐 和名末 加岐一云末妾 以柴作之言
疎離之也 説文云栫 七見反 加久布 以柴壅之

壁　隟附　野王案壁音辟和名加閇室之屏蔽也同聲
字苑云隟綺戟反和名比末壁際孔也

墉壁具弟百卅九

棆　野王案ーー音倫又音頭和名豆以比知伊太築垣短板也

壁帶　漢書音義云ーー今案和名未知之功程式云間度謂壁中横帶也

助枝　漢語枒云ーー之太知功程式志達

櫺子　四聲字苑云郎丁反字或作欞和名礼迩之窓櫺子也
考聲切韻云欄檻及窓間子也
牖　説文云牖与久反字従片戸甫也和名末度穿壁以木為
交窓也
石灰　兼名苑云石灰一名堊灰和名以之波比焼青
白石成熟冷竟澆之碎成灰也
白土　兼名苑云白土一名堊已見天地部土類

門戸類第百卅

門ー舎　門附

四聲字苑云 和名加度 ー所以通出入也 居令云

ー舎 和名加度夜 三品以上五架三間 五品以上三間両下 六位以下及庶人不得一間両下

禁中諸門

建礼《ケレイ》門 禁着南大門名

春華門 建礼ー東

脩《春》明門 建礼ー西

兼明門 建礼ー内

長楽門 兼明ー東

永安門

朔平門 禁省北大ー名与縫殿寮南門相對故俗呼為縫殿陣 式乾門 朔平ー西
玄耀《エウ》門 拜手内 安喜門 玄耀ー東 徽安門 玄耀ー西
建春門 禁省東大門名与外記局相向故呼為外記陣 宣陽門 建春門内
嘉陽門 宣陽ー北 延政門 ー南 宣陽 宜秋門 禁省西大門名
陰明門 宜秋ー内 武徳門 陰明ー北 遊義門 陰明ー南
日華門 東 在春興宣陽ー 月華門 西 在安福校書ー 左掖門 日華ー南
右掖門 月華ー南 承禮《レイ》門 内衙《カ》門

崇明門　宣仁門　敷《フ》政《セイ》門 已上左仗

青《セイ》瑣《サ》門 有左右 明義門　仙華門

神仙門 已上在紫宸殿北清涼東南 和徳門　中和門 中院南門名

朝堂院諸門

應天門 八省南大門名 長楽門 應天ノ東 永嘉門 應天門西

昭慶門 北大門名 嘉喜門 昭慶ノ東 永福門 昭慶ノ西

宣政門 東大門名 通陽門 宣政ノ北 感化門 宣政門南 セイ名

章善門西大門名　敬法門章善門北　顕親門章善丨南
會昌門《クワイシヤウ》應天門内　章徳門會昌丨東　含耀門章徳丨外東通小門
興禮門會昌丨西　章義門興礼丨外西通小丨　宣光門太極殿東西軒丨廊有二丨其東称一小丨名
東福門弟二丨　西華門西廊弟一小丨　壽成門弟三
照訓門龍尾道東通小丨　光範門同道西通小丨　永陽門蒼龍樓東小門
廣義門白虎樓西小丨

豊樂院諸門

豊楽門 南大門　礼成門 東 豊楽門　崇賢門 豊楽门西

不老門 北大门　儀鸞門 豊楽ー　高陽門 東

嘉楽門 儀鸞门 西　延明門 東大門　陽禄門 延明ー北

含利門 同南　開明門 高陽門前 通南門　萬秋門 西大ー

吉徳門 萬秋ー北　福来門 萬秋门 南ー　楊徳門 嘉楽ー前 通中ー

青綺門 豊楽ー東 以東北通中ー　白綺門

宮城諸門

上東門 亘知美 加度西門 陽明門 東面近衛御門 門山氏造之 待賢門 東面中御門 建部氏造之

郁芳門 、内北邊有之 炊寮俗謂大炊御門的氏造之已上八額大中弁橘逸勢書之

上西門 殷富門 西近衛御門伊福部氏造之

藻壁門 西中御門佐伯氏造之以上内為横頭 小野道風書題額之

談天門 一内南北有左右馬寮故俗謂之馬司御門玉手氏造之弘法大師書題額之

美福門 壬生氏造之 朱雀門 俗謂之重閣之音各重門尺玉 篇手伴氏造之

皇嘉門 歌司御門古老傳云雅楽寮本在此門内鼓笛亂聲之時御馬驚怖仍移寮置他處今所傳誤

特名之若犬養氏造之以上題
額弘法大師書之
安嘉門 安曇氏造之 偉鑒門 猪使氏造之
達智門 多治比氏造之 以上嵯峨天皇
自書題額之
羅城門 在朱雀大路南極開建陶化兩坊之間
闈 尒雅曰宮中之門謂之一 闤闠 門也 一一市 旗亭 楼也 一一市門
閭閻 説文云一一 廣韻二音文選師一 説佐度乃加東 里中門也
坊門 唐令曰兩京城及州縣郭下坊別置正

一人掌坊門管鑰皆察姧非

鷄栖　考聲切韻云桙毛知反今之門ヽ也辨色立成云ヽヽ鳥居也楊氏説同

戸　野王案在城郭曰門在屋堂曰戸

窓　説文云在屋曰窓楚江反字亦作窻和名末度在墻曰牖已見墻壁具兼名苑云窓一名櫳音龍

水門　後漢書云ヽヽ故處皆在河中日本紀私記云ヽヽ美度

門戸具第百卌一

扉　説文云扇 式戰反和名度比良 扉也 音非 門ー也

樞　尓雅云ー 音朱 謂之椳 音隈度保曽 俗云度末良 孫炎曰門戸樞也

楣　尓雅注云ー 音眉和名 万久佐 門戸上横梁也

青瑣　四聲字苑云ーー 蘇果反字 亦曰璅

扃　野王案扃 音絅和名 度佐之 戸外鐶鈕所用於内
以關門也

鍉　切韻云鍉〔阿介加須加比今案／一字本文未詳〕

鏁鈎　雜色立成云一一〔手乃比美／楊氏説同〕門鈎也

戸鍱　唐韻云一〔弋渉反与葉同／楊氏云戸乃枯木〕

閞木　説文云一〔関古還反字亦作閞／俗云貫乃木〕以横木持門曰一
所以閞也

鑰　四聲字苑云一〔音藥字亦作籥今案俗人印一／之處用鎰字非也鎰音溢見唐韻〕
閞具也楊氏漢語抄云鑰匙〔門乃／加岐〕

鉤匙 楊氏漢語抄云ーー戸乃加岐一云加良加岐鉤音古侯反

鏁子 唐韻云鎖蘇果反俗作鏁字鑰也漢語抄云ーー夷乃加岐辨色立成云夷鏁

棖 唐韻云ー音長和名保古太知門両旁木也

橛 介雅注云ー辨色云戸䦖音厥俗云中子形所以止扉也介雅云ー謂之闑音蘖孫炎曰門中央杙也

閾 介雅注云音域門限也兼名苑云ー一名閫

古本又和名之次義
佐云度之次義

道路類第百卅二

馳道　漢書注云ーー天子所行之道也

馬道　辨色立成ーー 佐音未 多比ー 向雲之道也

徼道　唐韻云ー 音叫 和名 古美知 小道也

間道　日本紀私記云ーー 加久礼 美知

径路　唐韻云径 音敬 与逕同 多ゝ知 逕近也 字或通 見下文

歩道四

大路　聲字苑云佳逕古定反容牛馬道一云歩道也

唐韻云道路毛詩有導大ー篇ーー和名於保美知　南北曰阡音千日本紀私記云多知之乃美知　東西曰陌音百同記曰与古之乃美知

四聲字苑云路阡陌惣名也

巷　唐韻云ー胡絳反和名知末太　里中道也

十字　吴均行路難云縱横ーー成阡陌今案十字者東西南北

相分之道中央似十字也俗用
辻字本文未詳〻

地道　日本記私記云〻　志太都美遅

磯道　文字集略云磯　上聲又上聲〻之重漢語抄夜末乃加介知
山路閣道也

津　四聲字苑云〻　特隣反和名豆　渡水處也云度
閣津及乗舩上下經津者皆當有過所

濟　尓雅注云〻　子礼反和名和太利　渡處也

泊

唐韻云ー傍各反和名度末利上也坤元録《コンケンロク》云雍《ヨウ》州有百頃《ケイノ》泊岐州有荷池《カチノ》泊今安橋廣國有大輪田泊此類也

道路具第百卅三

關

蔡邕《サイヰヨウ》月令章句云關古還反字亦作関白太平記義記云ー門世岐度在境所以察出入也

橋䓰臺附

説文云ー音右向和名波之水上横木所以渡也介雅注云梁音良即水橋也楊氏漢語抄云䓰臺比良波之波之良

橋両端所竪之柱其頭似蓮花故云

石橋　尓雅注云矼音江和名以之波之丨丨也

浮橋　魏略五行志云洛水丨丨和名宇岐波之

土橋　唐韻云圯音怡和名都知波之丨丨也

独梁　淮南子云丨丨尺輪苑寺和名比止豆波之今案又一名独木橋

徒横一木之梁也

梯　郭知玄曰丨音低和名加介波之木堦所以登高也唐

郵便はがき

料金受取人払郵便

神田局
承認

2043

差出有効期間
平成29年3月
10日まで

101-8791

514

東京都千代田区神田小川町三—八

八木書店古書出版部

出版部 行

お願い　小社刊行書をお買上げいただきまして、ありがとうございます。皆様のご意見を今後の出版の参考にさせていただきたく、また新刊案内などを随時お送り申しあげたいと存じますので、この葉書をぜひご投函賜りたく願いあげます。

読者カード

書　名（お買上げ書名をご記入ください）

お名前　　　　　　　　　　　　生年月日　19　　年　　月　　日

ご住所　〒　　　—

TEL　　—　　—　　　　ご職業・ご所属
FAX　　—　　—
E-mail アドレス　　@

ご購入の直接動機
(1)書店でみて　(2)＿＿＿＿新聞雑誌の広告をみて
(3)＿＿＿＿の書評による　(4)＿＿＿＿さんの推せん
(5)ダイレクトメール　(6)その他＿＿＿＿

ご購読新聞・雑誌名（　　　　　　　　）

八木書店からの案内　　来ている／来ない

お買上書店名　　都府県　　市区郡　　　　書店

この本についてのご意見ご感想を

驛

韵云棧音笇一音賤訓上同板木棧險為道也

唐令云諸道須置驛者每卅里置一

驛音繹和名无末夜若地勢險阻及無水草處隨

緣置之

畿内驛

山埼山城

楠葉　槻本　津守已上河内

日部在大鳥郡ーー郷　㖨唹在日根郡ーー郷已上和泉

東海驛

草部須末　須磨　葦屋阿之乃也 以上攝津

鈴鹿郡在、　河曲郡在、　朝明郡在、　榎撫江奈

市村　飯高郡在、　度會在、郡 以上伊勢　鴨部

礒部以上志摩　馬津　新溝　両村以上尾張

鳥捕　山綱　渡津以上三河　猪鼻

栗原　門摩　横尾　初倉波豆久良 以上遠江

小河　横　息津　蒲原

長倉　横走以上駿河　店屋　小高

大井　豊嶋以上甲斐　白濱　川上以上安房

藤瀦　島穴　天羽以上上総　井上

浮嶋　河曲　茜津　於賦以上下総

湊谷　安侯　曽禰　河内

田後　山田　雄薩以上常陸

東山驛

勢多　岡田　甲賀　篠原之乃波良

清水　鳥籠止古　横川　穴太

和迩　三尾　鞆結止毛由比 以上近江　不破

大野　方縣　各務　可児

太岐　大井　坂本　武義

賀茂以上美濃　下畄　上畄　石浦以上飛騨

河知　胥良　堅錐　宮田

深澤　覺志　錦織　浦野

日理　清水　長倉　麻續
日里　多古　沼邊以上信乃　坂下
野後　郡馬　佐位　新田以上上野
足利　三嶋　田部　衣川
新田　磐上　里川以上下野
雄野　松田　磐瀬　葦屋
安達　陽日　岑越　伊達

萬倍 米田 小野 名取

玉前 栖屋 里川 色麻

玉造 栗原 磐井 白馬

曕澤 磐基 長有 高野 已上陸奥

宗上 村山 野後 避翼

佐藝 遊佐 蚶方 由理

白谷 飽海 秋田 已上出羽

北陸驛

北陸驛　弥美　濃餞 已上若狭　松原

鹿蒜　淑羅　丹生　朝津

阿味　足羽　三尾 已上越前　朝倉

潮津　安宅　比楽　田上

深見　横山 已上加賀　撰才　越蘇 已上能登

坂本　川人　日理　白城

磐瀬　水橋　布勢　佐味 已上越中

滄海 鶉石 名立 水門

佐味 三嶋 多太 大家

伊神 渡戸 已上越後 松埼 三川

雑太 已上佐渡

山陰驛

大枝 野口 小野 長柄

星角 佐治 日出 花浪 已上丹波

勾金 粟鹿 郡部 養耆

山前　面治　射添　春部已上但馬
佐尉　敷見　泊尾已上因幡　笏賀
松原　清水　和奈　相見已上伯耆
野城　里田　宍道　狭結
多伎　千酌已上出雲　波祢　託農
樟道　江東　江西　伊甘已上石見
山陽驛　明石　加古　草上　大市

布勢　高田　野磨　越部
中川已上播磨　坂長　阿磨　高月已上備前
津峴　河邊　小田　後月已上備中
安那　品治　香度已上備後　眞良
梨葉　都宇　麻附　木綿
大山　荒山　安藝　伴部
大町　種箆　濃唹　速谷以上安藝

石國 野口 周防 生屋
手野 勝間 八千 賀寶 以上周防
河潭 厚狭 埴生 宅賀
臨門 河津 鹿野 意福
田宇 三隅 参美 埴田
河武 宅佐 小川 以上長門
南海驛 萩原 賀太 以上紀伊 由良 大野

福良以上淡路　石隈　都頭以上阿波　引田
松本　三溪　河内　甕井
柞田以上讃岐　大岡　山背　近井
新居　周敷　越智以上伊与　頭驛
五椅　井　治川以上土左
西海驛　獨見　夜久　嶋門　津日
席打　夷守　美野　久尓

佐尉　深江　比書　額田
石瀬　長丘　把伎　廣瀬
隈埼　伏見　緦列 以上筑前　御井
葛野　待道 以上筑後　社埼　津
田河　久米　列田　築城
下毛　宇佐　安覆 以上豊前　下野
蓋田　石井　直入　三重

丹生　高坂　長湯　由布　已上豊後

基肄　切山　佐嘉　高来

盤氷　大村　賀周　逢鹿

登部　杵嶋　塩田　新分

船越　山田　野馬　爲　已上肥前　大水

江田　坂本　二重　蚊藁

高原　蚕養　球磨　長埼

豊向　高屋　片野　朽網
御織　水俣　仁王（已上肥後）　蒲生
大水（已上大隅）　市来　英祢　網津
田後　樸野　高来（已上薩摩）　長井
川邊　刈田　美祢　吉飛
兒湯　當磨　廣田　救麻
救貳　並柳　野後　夷守

真斫　水俣　嶋津 以上日向　優通
伊周 以上壱岐

泊
坤元録云雍州有百頃泊岐州有荷
地泊 唐韻云傍各反和名止万里今案西海道有輪田泊等是也

和名類聚抄第十

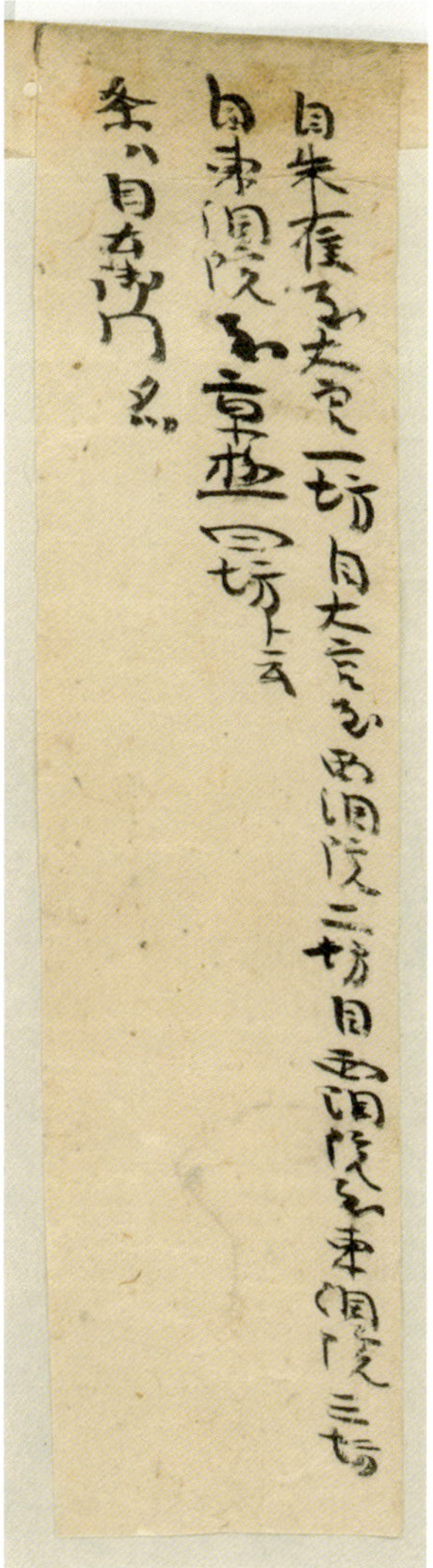

貼紙（92ウ）

＊一八八頁参照

天

地

小口

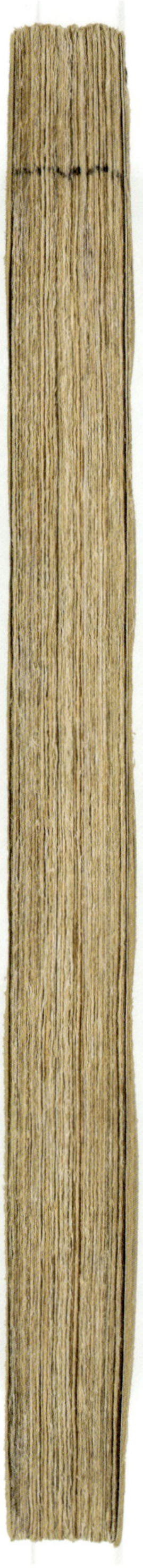
背

和名類聚抄　高山寺本　参考図版（包紙　全姿）

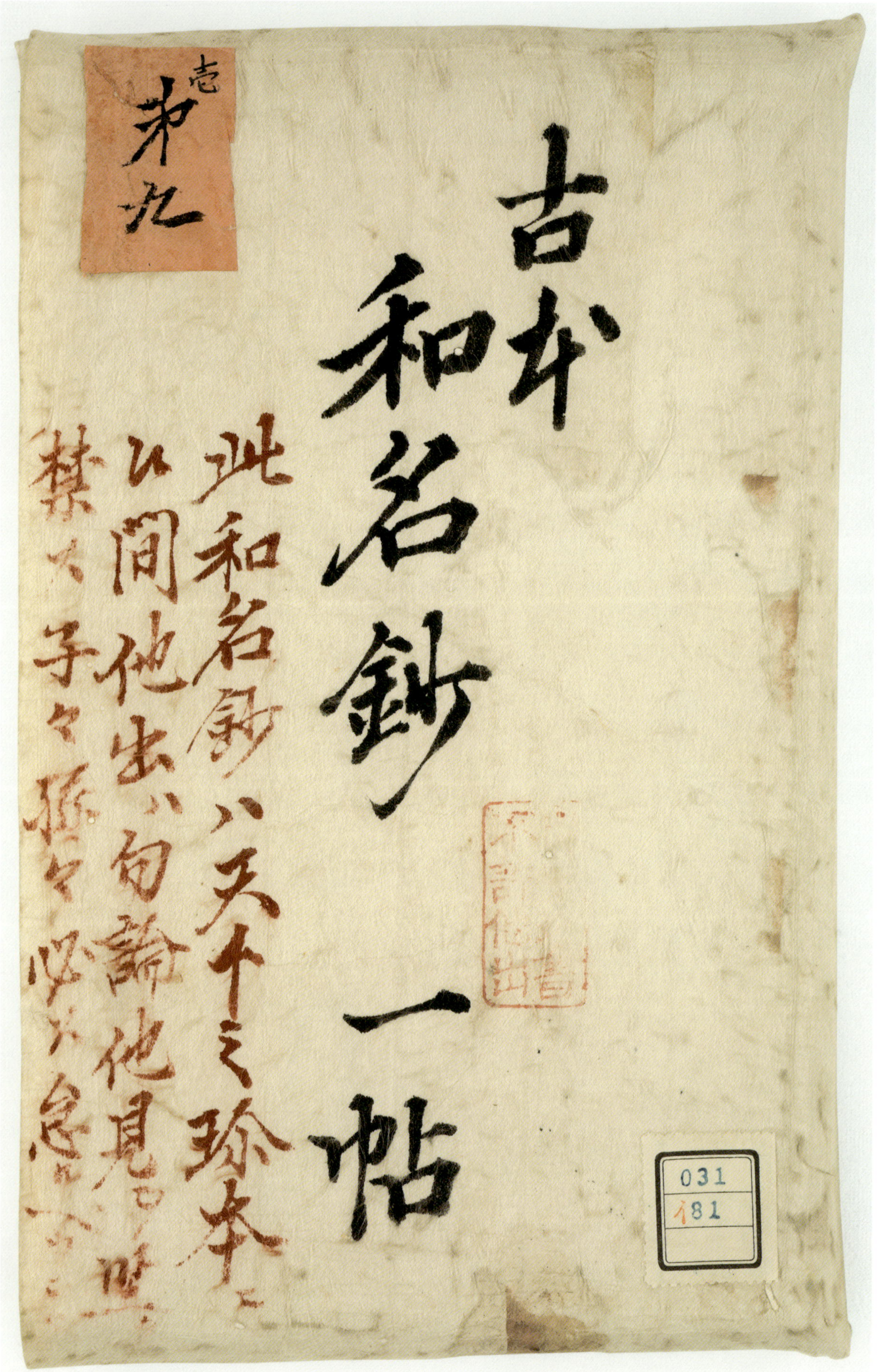

和名類聚抄　高山寺本　参考図版（包紙　正面）

『和名類聚抄 高山寺本』解題

山田 健三

一　『和名類聚抄』の成立期について

源順（延喜十一年［九一一］～永観元年［九八三］）撰。明確な成立記録は知られていない。が、自序にて醍醐天皇を「先帝」と称し（＝朱雀帝在位期　延長八年［九三〇］～天慶九年［九四六］）、母を「僕之老母」とすることから（母は承平五年［九三五］秋死去）、自序執筆期は、延長八年～承平五年秋に絞り込まれる（保坂三郎一九四一・一九四二参照）。本文成立は自序執筆以前と見るのが常識的とすれば、順二十～二十五歳の時期に成立したことになる。後に、天暦五年（九五一）に、村上天皇の命により「梨壺の五人」として、『万葉集』解読、『後撰和歌集』編纂に関わる時期からみても、かなり若い時期の仕事。ただし、『和名類聚抄』（以下、和名抄）には、周知のごとく、内容が大きく異なる十巻本テクストと二十巻本テクストが存在する。承平五年秋までに和名抄が成立したとして、それはどちらのテクストだったのか。成立の先後関係については、古くより議論がある。（詳しくは、宮澤俊雅一九九八cに先行研究の整理と論評がある。）なお、和名抄の成立期を考えるに際しても、本影印の高山寺本は二十巻本系の一本で全体の四分の一しか残っていない零本ながら、両系統現存諸本中の最古写本で唯一平安期（平安末期）の写しと見られている重要テクストである。

二　和名抄のソースと内容

和名抄は三百数十種に上る引用書を用いているが、引用書は利用目的から大きく二分される。それは漢語抄類（漢和対訳辞書類）とその他、である。このように漢語抄類を特筆する理由は、自序に語られる通り、それらが和名抄の編纂作業ベース、つまりソースになっていると考えられるからである。そのことは、テクストの本文構造からも（山田健三一九九二参照）、引用数からも（宮澤一九九八b参照）指摘・検証されている。なお「その他引用書」（リソース）に関しては、様々な中国の類書も間接引用ツールとして使われていたことが古くから指摘されている。

和名抄の内容は、既に述べたように、漢和対訳という漢語抄類をベースとし、対訳部分に、原則として中国文献を「本文」として加えて説明文が形成されている。そうして出来上がった項目を、類書（意味分類による類聚辞書）という形式で配置している。となると、ベースとして利用した漢語抄類からは得られなかった項目であっても、立項すべきものや、立項せざるを得ないものも出てくるはずである。例を挙げよう。巻一最初の天地部（二十巻本では天部）において「日」「月」は立項するものの、それぞれの和名は示されてない。これは、「日」「月」が、ベースとした漢語抄類には得られなかったものとおぼしい。しかし一方、和名を付す「弦月」「望月」「星」「牽牛」などを項目として天地部に収める以上、「日」「月」が漢語抄類に得られずとも、意味分類でしかも類聚という類書形式を採る以上、立項しないという選択は考えにくい。その典型例は、二十巻本に多く見られるところの、全くもしくは殆ど説明文を持たない見出しだけの項目であろう（例えば、水部「潺湲」「泉」「石清水」「淀」や歳時部の全項目、親戚部「男子」「女子」など）。これらの項目は、書承途中で注文のみが喪失する、という想定困難なアクシデントをいくつも想定しない限り、漢語抄類が直接のソースではなく、項目選定のみが行われたものと見ざるを得ない。

このように考えてみたとき、「項目選定のみが行われた」典型例として、二十巻本のみに収められる日本地名リスト（国名・郡名・郷里名・駅名［高山寺本のみ］）が指摘できる。日本地名に漢語典拠（中国文献典拠）が求められるはずも、漢語抄に存在するはずもない。ここに自序に示された和名抄編纂動機・方針との異質性を見、二十巻本を後人の補とみる説が生じることともなる。しかし、類書という分類整理形式自体は、地名データ掲載を排除しないし、「類聚モノ」という視点からするならば、『和名類聚抄』の大きな方針とは、ずれない。地名リストに外国地名が一切含まれていないことは、類聚する範囲の関心が国内（和）にあることを端的に物語っているし、その地名データのソースを考えると（後述）、これを後人のわざと考えるのは難しそうである。既に岡田希雄（一九四二：二六）に指摘があるとおり、十巻本・二十巻本ともに、順が関わったとみることに、現時点では大きな支障はない。

三　和名抄の地名リスト

二十巻本には、道・国・郡・郷里の四単位での行政地名が示されている。リストとして示されるのは、道名下の国名リスト・国名下の郡名リスト（以上、巻五）、郡名下の郷里名リスト（巻六〜九）の三種類である。量的（巻数単位）には二十巻本和名抄全体の約四分の一をも占める。巻六〜十のみが伝存する高山寺本においては、高山寺本全体の五分の四が地名データ（郷里名リスト）ということになるが、高山寺本のみ、巻十の一部に道名下の駅名リストも収められており、トータルでは五分の四を超える地名データを格納する。以下、この地名データの和名抄内での位置づけと、データ典拠について考えよう。論述の都合上、駅名リストより説明する。

1　駅名リスト

高山寺本のみに存する駅名リストは、巻十の「道路具第百卌三」内の最後から二番目の項目「驛」（110オ）下に置かれている。「驛」には「唐令云諸道須置驛者毎卅里置一驛音繹和名无末夜若地勢險阻及無水草處随縁置之」というように、中国文献（唐令）典拠の義注・音注、そして和名を記した、和名抄のスタンダードな項目説明形式での注文が存するが、それ以下に「畿内驛・東海驛・東山驛・北陸驛・山陰驛・山陽驛・南海驛・西海驛」（110オ〜117ウ）の各道名下に三九三の駅名リストが置かれる。このリストは、八丁に渡る長いものではあるが、あくまでも項目「驛」の例示的位置を占めるものと見做せる。（なお、この駅名リストは道円本・温古堂本にはなく、大東急本・伊勢廿巻本は墻壁類百三十八〜道路具第百四十三を書承上欠く。）

2　郷里名リスト

そこで、次に郷里名リストを観察してみよう。巻六（「郷里部第一」自畿内至東海）・巻七（自東山至北陸「郷里二」）、巻八（自山陰至山陽「郷里三」）、巻九（自南海至西海「郷里四」）、という四巻に渡る膨大なリストである。リストが収められている部は、高山寺本では「郷里（部）」と標示され、そしてその「郷（里）」字に対して双行注で「…許良反孫愐云人所居也／和名散度」と記す。元和本・大東急本・温古堂本は部門名を明示せず、このような注説明は一切ないが、高山寺本のこの音注・（中国文献典拠の）義注・和名による項目説明形式は、和名抄のスタンダードなもので、双行注という形式で示されていることを措くならば、本質的には、先の駅名リストが項目「驛」下に置かれていたのと同様、この郷里名リストは「郷里」という項目の中に例示として置かれている、という解釈・理解が事実上可能である。

3　国名リスト・郡名リスト

二十巻本の巻五は「職官部第十一」と「國郡部第十二」とで構成される。大東急本・道円本・温古堂本それぞれの巻五の目次にも本文にも「國郡（部）」下の分類標目は示されないが、実際には道名下の国名リスト部と国名下の郡名リスト部というレベルの異なる二種の地名リストで構成されている。高山寺本には巻五が欠けているので、国名リスト・郡名リストの表示形態・添加情報については不明であるが、高山寺本の駅名リストや郷里名リストにおける表示形態・添加情報を参考に考えると、「國・郡」に関する音注・義注・和名などの説明があった可能性も排除できない。

4　地名リストの位置づけ

以上のように、高山寺本の状態をベースに、地名リストを、本質的には項目下に置かれる例示リストと位置付けるのであれば、これら二十巻本独自部門も、その例示リストが膨大であるというだけで、異質な項目ということにはならない。その点から、二十巻本も源順によって作成されたという解釈の蓋然性を否定しえない。（ちなみに二十巻本の一本、名古屋市博物館本には国名リスト・郡名リストはない。巻五は「職官部」のみで、地名リストは、巻六に「國郡部」としながらも、道名・国名・郡名の階層下に郷里名リストがあるのみである。しかし、他本において国名リストで国名下に置かれる注文はここに置かれ、地名データを一箇所に統合したものとみるべきであろう。これは、名古屋市博物館本が項目注文を持たない、和名抄としては特異な形式に改編されているためであり、むしろ、その改編目的が節用集のようなリスティングにこそあった、と考えられる。なお道路具に「驛」はあるが、駅名リストはない。）

5　地名データの典拠

これらの地名リストの典拠については、既に指摘されているように（坂本太郎一九五五、池邊彌一九八一）、『延喜式』周辺と関連が深い。和名抄巻五「國郡部」の郡名リストと『延喜式』巻二十二（民部、九条家本残部による）の郡名リストを対比してみると、その配列順は（ほぼ）完全に一致する。しかし『延喜式』には「郷里名リスト」は存在しておらず、また国書であっても典拠表示は行なうという、和名抄の典拠主義のスタンスからするならば、これが『延喜式』からの直接引用とは考えにくい。『延喜式』が依拠した「資料X」との関連が推定される。（ちなみに順は応和二年［九六二］正月民部少丞に、翌三年四月には民部大輔に任ぜられている（岡田一九四二・一九四三）。民部省に身を置いたこの時期に「資料X」を用いたのだとしたら、二十巻本の成立は自序執筆期よりかなり後ということになる。）

さて、延喜五年（九〇五）に編纂を始めた『延喜式』は、延長五年（九二七）に一旦完成し、その後改訂を重ね、康保四年（九六七）に施行、とされる。推定される和名抄自序執筆期（延長八年［九三〇］～承平五年［九三五］）を考慮すると、和名抄編纂期は『延喜式』改訂期に相当する。それゆえ引用書として明記できなかったのであろうか。しかし、十巻本京本系テクストで一か所のみ『延喜式』からの引用が明記されている。

白田　續捜神記云江南之白田種豆也。白田一曰陸田和名波太介。或以白田二字作一字者訛。今案延喜内膳式營瓜一段種子四合五勺。位三百六十。糞人壅人。師云位訓久良比、糞訓古江、壅訓豆知加布。（巻一、天地部田野類）（京本系テクスト。今、箋注本による。）

双行注部分に『延喜式』が源順自身の注（今案）として引用されている。延喜内膳式（延喜式内膳司）の本文に現れる「位」「糞」「壅」の訓を師説（「師云」）としているところからすると、源順自身、『延喜式』講読に参加していたとおぼしい。更に「今案」として引く『延喜式』本文を、国史大系本文と対比させてみると、和名抄引用本文はかなり簡潔。和名抄引用本文と対応する部分に傍線を施し、以下に引用する。

營早瓜一段。種子四合五勺。惣單功卌六人。耕地二遍。把犁一人。駁牛一人。牛一頭。料理平和三人。堀畦溝三人。糞七十五擔。運功十二人半。位三百六十座。蹈位一人。下子半人。二月。拂蟲十二人。壅并芸三遍。第一遍五人。三月上。第二遍四人。三月下。第三遍三人。四月。

營晩瓜一段。種子四合五勺。惣單功卅五人半。耕地二遍。把犁一人。駁牛一人。牛一頭。料理平和三人。掘畦溝三人。位三百六十座。蹈位一人。下子半人。三月。壅一人。三度。芸三遍。第一遍十人。三月。第二遍八人。四月。第三遍七人。五月。（『新訂増補国史大系』第二十六巻、八八〇頁。巻三十九「内膳司」耕種園圃。）

一瞥明らかに、国史大系本テクストでは「早瓜」と「晩瓜」との二類で詳述しているのに対して、和名抄引用文では「瓜」のみで注文は簡素。引用文にいう「糞人、壅人」は、瓜栽培に関わる者を指していようが、この形での表現はない。しかし、師説訓の対象であった「位・糞・壅」は全て現れ、また、この本文は「延長五年十二月廿六日」（巻末識語）成立というから、和名抄執筆期以前に成立していたことになり、和名抄引用文は抄録文とみることもできそうである。

ただ当該箇所の和名抄諸本間の異文状況はいささか複雑で、十巻本最古写本の真福寺本と二十巻本は、双行注に「訛」とされる「以白田二字作一字」の「畠」の表記になっており、双行注もその注記前の「～和名波太介」で終わっており、『延喜式』は現れない。また、素直に読めば、この項目「白田（または畠）」にとって、『延喜式』記事の必要性は説明しがたい。『延喜式』記事の「瓜」が多少なりとも関連するのは、直前記事の「日本紀云陸田種子波多介豆毛乃」という部分で、ハタケツモノ（畑物）の例示として「瓜」が出されたに過ぎない。このように考えれば、『延喜式』の記事は（漢語抄類とみなされる）『日本紀私記』に現れる「陸田種子」のオプショナルな情報として意味を有するものであって、次のような編集改変プロセスの痕跡と考えることができよう。

Ⅰ　陸田種子　日本紀云陸田種子波多介豆毛乃

Ⅱ　陸田種子　日本紀云陸田種子波多介豆毛乃。今案延喜内膳式營瓜一段種子四合五勺。位三百六十。糞人壅人。師云位訓久良比、糞訓古江、壅訓豆知加布。

Ⅲ　白田　續搜神記云江南之白田種豆白田一曰陸田和名波太介。或以白田二字作一字者訛也。日本紀云陸田種子波多介豆毛乃。今案延喜内膳式營瓜一段種子四合五勺。位三百六十。糞人壅人。師云位訓久良比、糞訓古江、壅訓豆知加布。（京本系テクスト）

Ⅳ　白田　續搜神記云江南之白田種豆白田一曰陸田和名波太介。（真福寺本、大東急本など。

但し真福寺本は「白田」ではなく「畠」）

つまり文章内容の整理に伴い、ⅡからⅢへの段階で、ハタケツモノ（陸田種子→白田種豆）からハタケ（白田）へ見出しを変更した、というプロセスの想定である。その改変プロセスの途中で、『延喜式』関連の記事は削除されていったが、京本系テクストに残ったということになろうか。この改変プロセスの推定の当否は措いても、順自身が『延喜式』そのものおよびその依拠資料Xにアクセスできる立場にあり、そのことが地名データの使用を可能にした、とみるのが妥当であろう。

さて、現存高山寺本の大半を地名が占めることから、いささか地名データについて紙幅を費やしたが、和名抄がたとえ典拠を示していない項目であっても、多くの典拠に基づいて成立していることは、次項で触れる「成立背景」を考える上でも重要であること、一言しておきたい。

四　和名抄成立の時代的動機―「和」と「類聚」

そもそも和名抄という辞書が作られた動機は何か。直接的には、醍醐天皇の第四皇女である勤子内親王の命による、というのが自序に示される通りであるが、勤子内親王をして要請せしめた時代・社会の背景が、依頼主の勤子内親王だけでなく、源順にも影響していよう。

和名抄成立期は、「国風文化」というタームでラベリングされてきた時代に属する。この時代を代表する和歌集の一つが、十世紀初頭、醍醐天皇期に成立した『古今和歌集』である。和歌そのものは古くより詠まれてきたが、先行する和歌集である『万葉集』というタイトルや、後続する勅撰和歌集タイトルと対比させてみたとき、「和歌（やまとうた）」ということばを前面に出したタイトルの歴史的嚆矢となっていることから、国内における和の文化資本的価値が、漢のそれと比して相対的に向上したことが読み取れる。そのことは「詩合」に倣った「歌合」、「題画詩」（唐絵屏風に画賛として添えられる漢詩）に範をとった「屏風歌」（和絵屏風に添えられる和歌）、といった漢に倣った和ジャンルの成立や、やまとことばで歌われる催馬楽（古くからの畿内風俗歌）が雅楽（唐楽・高麗楽など）フォーマットで演奏されることなどと軌を一にしている（佐藤全敏二〇一七予参照）。そのような「やまとことば」による文芸の文化資本的価値が高まっている時代に和名抄が成立していることは、もちろん偶然ではない。ちなみに、和名抄には、和語だけでなく字音語（漢語起源）で読まれる語も「俗云」などとして和名相当に扱われている（浸淫瘡俗云心美佐宇・雙六俗云須久呂久など）。こういったことから「国風文化」を理解するならば、それは国風が唐風を凌駕するという意味ではもちろんなく、唐風に呼応すべき国風の確たる認識が生じてきた時代の文化、ということになろう。

さらにもう一つ、知を「類聚」という形で整理分類するのも、九世紀末あたりからおこる。佐藤（二〇一七予）は、これを「依るべき規範が唐だけでなく、倭のなかにも求められるようになった」結果と押さえる。これは、先にふれた「和」の文化資本的価値の高まりの問題と関連する事象ということでもあろう。書物という形でそれまで参照されるべき「知」は類書というジャンルで「漢（唐）」においては整理されていたものの、「和」にはまだそれが存在していなかった。そのギャップを埋めるべく行われた営為が「類聚」ということであった。

五　「和」か「倭」か

さて「和」への時代的注目ということに関連し、漢字表記としての「和／倭」問題に触れよう。『古今和歌集』に古今倭歌集と書かれたテクストが存在するように、和名抄にも「倭名抄」と表記されるテクストが少なくない。印刷流布本（道円本・箋注本）では「倭」が優勢である。が、池邊彌（一九八一：二）が述べるように、古写本類では「和」が優勢。但し、実態はもう少し複雑である。この問題については、既に、宮澤俊雅（一九九六）が序題・序文・巻首尾題の諸本実態について検討を行い「「倭」字を用いるのが正称であるとは一概に言えないが、しかし、「和」字のみを正しいとして他方を排除する主張は必ずしも首肯し得るものではない。」（宮澤二〇一〇：一〇二）とする。「倭／和」を対立的、二者択一的に捉えるならば、宮澤のいう研究スタンスは、その通りである。上に「実態はもう少し複雑」と書いたように、両者が併用されているのだとしたら、歴史的事実として、それはどのように把握されるべきであろうか。今少し検討したい。

ワミョーは①表紙題、②序題、③各巻首題・尾題、④和訓冠、の四箇所に現れる。主要諸本での大まかな実態は【表1-1】に示すとおり（和名抄の諸本については、本稿最後に触れる）。特徴的なのは、和訓冠はすべて「和」で、各巻首題・尾題も流布本（道円本・箋注本）以外はすべて「和」。逆に序題は、最古写本の高山寺本は零本のため当該箇所が現存せず不明であるが、大東急本と名博本以外はすべて「倭」となっている。表紙題は拮抗。

【表1-1】

十巻本	①	②	③	④	二十巻本	①	②	③	④
真福寺	×	倭	和	和	高山寺	×	×	和	和
京本	和	倭	和	和	大東急	×	和	和	和
伊勢十	和	×	和	和	伊勢廿	和	倭	和	和
下総本	倭	倭	和	和	名博本	×	和	和	×
箋注本	倭	倭	倭	和	道円本	倭	倭	倭	和

なお、序題と巻題とで異なる例が多いことが目を引く。そこで序文内に目を移してみると、「ワ名」は次の箇所に現れる。①…至于ワ名棄而不屑…、②…新抄ワ名本草…、③…古語多載ワ名希存…、④…雖非ワ名…、⑤…名曰ワ名類聚抄…、

【表1-2】序文内の「ワ名」表記

十巻本	①	②	③	④	⑤	二十巻本	①	②	③	④	⑤
真福寺	倭	和	和	和	和	高山寺	×	×	×	×	×
京本	和	和	和	和	和	大東急	倭	倭	和	倭	倭
伊勢十	×	×	×	×	×	伊勢廿	倭	倭	和	倭	倭
下総本	和	和	和	和	和	名博本	倭	和	和	和	和
箋注本	和	和	和	和	和	道円本	倭	倭	和	倭	倭

単純に数でどうこういえる問題ではないが、大雑把には、独自スタイルを有する名博本を除けば、十巻本と二十巻本とで様相を異にしている（この場合、名博本はむしろ十巻本に近い）。十巻本は「和」が、二十巻本は「倭」が優勢にみえる。②⑤はいずれも書名に現れる「ワ」であるが、十巻本／二十巻本で現れ方が異なっている。その中で注目したいのは①③④である。「至于ワ名棄而不屑」「古語多載ワ名希存」「雖非ワ名」これらの用例は、「漢語」に対応した、ごく一般的な「和語」という意味に相当する表現とみられる。それにも関わらず、①④は「和／倭」が対立的に現れ、③は全て「和」という状況である。①④と③との間で意味上の使い分けがあるようには見えない。つまるところ、両者にはスタイル差以上の差は認めがたい。

そこで、この問題を別の観点から考えてみよう。この「和／倭」をヤマトに対応する漢字表記とみるかぎり、ヤマトの国の古代における漢字表記が参考になろう。ヤマトの国の表記「大倭国／大和国」を六国史で検してみると、【表2】の通りで、「大倭」から「大和」へという変遷は明らかである。

【表2】

	大倭国：大和国
日本書紀	四：〇
続日本紀	三〇：三六
日本後紀	〇：二五
続日本後紀	〇：二六
日本文徳天皇実録	〇：一九
日本三代実録	〇：四三

『続日本紀』のみにその両方の表記が現れるが、「大倭国」が現れるのは、文武天皇四年（七〇〇）～天平勝宝三年（七五一）。その間、天平九年（七三七）十二月に「改大倭国。為大養徳国」、天平十九年（七四七）三月に「改大養徳国。依旧大倭国」との地名表記改編記述の二箇所に「大養徳」を見るが「大倭」に戻る。一方「大和国」は、養老三年（七一九）～延暦十年（七九一）に現れ、天平宝字二年（七五八）以降、六国史最後の『日本三代実録』が記録する時代（天安二年［八五八］～仁和三年［八八七］）に到っても「大和国」のみである。もちろん源順の時代は更に下るが、この歴史的趨勢から推測するならば、源順の時代も、ヤマトは「大和」とされた時代であったとみるのが妥当であろう。ちなみに、和名抄（二十巻本）内でのヤマトの表記は諸本とも「大和」。

以上のことから、源順の時代には「和」を一般的（unmarked）とみるのがよく、その中でも積極的に「倭」を用いたのであれば、それはいささか構えた（marked）表現、ということになりそうである。書名や序題などのタイトルに「倭」が比較的多く現れるのはそのように解せよう。（「抄」と「鈔」の差も同類と考えられる。）

六　高山寺本和名抄の書誌と伝来

1　書誌全般

請求記号〇三一―イ八一。本テクストは、巻六～巻十までを粘葉装で一冊に綴じる。巻数から推すと、二十巻本を四分冊で収めた第二冊目にあたるか。（管見では二十巻四冊本は他には知らない。）サイズは、縦二四・九cm×横一五・二cm×厚さ一・七cm（綴部分）。

表紙についてみよう。表紙左側、縦二四・九cm×横一・六cm部分、表紙と見返しとの間の裏打厚紙を二枚に薄く剝がした間に、楔型の竹（左端の厚い部分で一・五㎜）で更なる補強がなされている。これは裏表紙についても同様。但し、裏表紙の方が若干薄い（約一㎜）。旧善本叢書解題の渡邊實（一九七一）には「なお、左側に白く題簽のように見えるのは、右端から貼られた改装茶表紙の貼残しである。その幅四・五糎、そこには外題が見え、改装にあたってわざと貼り残したものと思われる」とあるが、今回行った原本調査では、その左側の白い部分の方が、茶表紙の上に重ねられていることが、触手からも明らかである。旧解題の指摘が事実であるならば、その後の修復作業で紙の重ねの上下関係が入れ替わったことになるのであろうか。なお、白楮紙および茶染楮紙からなる表紙部分は、剝落が激しいが雲母引きの痕跡が調光によって窺える。雲母引きは茶染楮紙部分のみとする報告もあるが、白楮紙部分にも雲母引きはある。さらに、この雲母引きは「地蔵院」と記した墨書にかかっているようで、雲母引き料紙を使用したのではなく、既に「地蔵院」と記した表紙そのものに雲母引きを行ったものと見ざるを得ない。なお、裏表紙の茶染楮紙に雲母引きは全く見られない。かつて二回行われた複製時の写真と比較すると、原装表紙部分の虫食いが進んだ状態で厚手紙による裏打ち補強がなされているようである（平成十四～十六年度に行われた修復による）。裏打ちの紙は、左側四・五cm幅部分の白い部分は白く、残りの右側部分は、茶色で、原装幀に合わせてある。

本文料紙は楮紙（打紙）。表裏の表紙を除いた厚さは約一・五cmで、全一一七丁であるので、一紙の厚さは約〇・一三㎜。

書写年に関する記録（奥書・識語類）は本書にはない。本テクストの書写年代は、料紙紙質や文字書体などから、平安末期と推察されている。なお、本テクストの書きぶりは、右下がりに書かれていること顕著であるが、このような「右下がり書風」は、書写者個人の癖を超えて、十二世紀初頭から十三世紀にかけての書写文献に多く現れる、という書法史研究からの指摘がある（宮崎肇二〇〇二）。政治史的には院政期と呼ばれるこの時代は、文化史的には又「藤末鎌初」ということばで押さえられるほど、特筆すべき時期であるが、宮崎（二〇〇二）は、増大する典籍の大量書写に伴う書法の選択・変容（提腕法、体の中央から右にずれた書写位置）が「右下がり書風」を生成した可能性を指摘している。

書写は、縦二〇cm×横一二・三cmの押界匡郭内に行われている。一行幅一・八cm×七行。上から四・一cmのところに横一線。七行二段の押界匡郭。本書背には、上から二・四cmあたりに黒点がほぼ一直線に並ぶ（参考図版「背」参照。二四二頁）。これは、押界の上線位置に一致。この位置には、よく見ると二つ折りにした料紙の山折側に短い墨線が記してあり、粘葉装のちょうど糊付け部分に存するため、多くは見えないが、例えば、4ウ、12ウなどいくつか丁の当該位置には、墨線が透けて見える。

本テクストは全面的に劣化を遅らせるための修復がなされているが、それでも本文初丁オおよび最終丁ウ（117丁ウ）は、本影印でも判る通り、他丁に比してかなり汚れが目立つ。最終丁に関しては、毛羽立ち（ももけ）も大きい。このことから、表紙・見返しのない時期が一定期間あったことが推量される。本文料紙は楮紙であるが、表見返しは三椏紙（平成十四年〜十六年の本書修理時に行われた紙質調査報告による）。つまり第一紙は半丁分のみで、残り半丁は原見返しとして使用されていたと推測される。よって、現在の表紙・見返しが後補であることは明らかである。見返し部分の紙は、折り返して本文料紙一丁目に幅一・一五cm分が糊で貼りつけられているが、その上に明治期の「自愛珎書／不許他出」印（森田平次）のみならず、「高山寺」印が捺されており、現装幀時点で高山寺蔵であったことは確かである。

2　表紙墨書の「地蔵院」

さて、表紙の墨書「地蔵院」は、本テクストの所蔵情報の一つとみられる。この地蔵院を高山寺のものとする解説（渡邊一九七一）や、神護寺のものとみる説（山本信哉一九三一・無署名一九三二）がある。現在の神護寺には地蔵院（「かわらけ投げ」で知られる）があるが、書写期とみられる藤末鎌初にほぼあたる寛喜二年（一二三〇）の「高山寺絵図」「神護寺絵図」（いずれも重文で神護寺蔵。恩賜京都博物館編一九三五掲載写真による）いずれにも「地蔵院」は見えない。

しかし、山本（一九三二）・無署名（一九三二）が指摘するように、『臥雲日件録』寛正三年（一四六二）十月二十一日の条に「…入高雄…又到地蔵院」（『大日本古記録』一三五頁）とあり、室町期には、神護寺に地蔵院は存在していたようなので、高山寺所蔵以前、神護寺地蔵院に所蔵されていた可能性は考えられる。栂尾山高山寺と高雄山神護寺は同じ愛宕山系に存し、そもそも高山寺はもと神護寺の別院（十無尽院）であり、建永元年（一二〇六）、神護寺の文覚の弟子である明恵が荒廃していた別院を高山寺として再興した、というように両寺の関係は深い。しかし、そのことがこの「地蔵院」を神護寺のそれに比定してよいことには直ちにはならない。もしこの「地蔵院」を神護寺のそれとみてよいのであれば、現装幀の表紙・見返しが後補であること（先述）と併せて考えると、神護寺所蔵は室町期以降ということになるが、「地蔵院」という名は、他寺にも存するものであることもあり、結論を急がず、なお後考に俟ちたい。

3　高山寺所蔵からの遍歴と複製史

さて、高山寺所蔵からのルートは不明であるが、明治期には加賀藩の森田平次（柿園）の手に渡る。現所蔵の天理図書館では「古本和名鈔　一帖」と大書された黒漆塗印籠箱に収められているが、その字は奉書包紙（楮紙、参考図版［包紙全姿］参照。二四三頁）に記された森田平次の筆を写しとったものである。森田に渡るまでの間、転写本などがいくらか存したようだが（山本一九三一参照）、森田の筆や印（「自愛珎書／不許他出」）にある通り、本書は秘蔵され、その原本の存在は広くは知られなかった。森田は『古本和名類聚鈔　郷里部・驛逓部模寫』と題する模写本を作成し、対校を施した万治二年板流布本（那波道円本）を遺しているが（いずれも石川県立図書館森田文庫蔵）、いずれも「不許他出」扱いであった。森田平次の死後、昭和三年に蔵書の一部とともに東京の書店に譲渡され（藤島・鈴木一九八八：一六三）、古書肆弘文荘の反町茂雄の手を経て（最終丁ウに「月明荘」の印あり）、上越の保阪潤治に渡る。昭和六年十二月十四日に重要文化財指定を受け（国指定文化財等データベース、文化庁）、昭和七年、東京帝国大学史料編纂所『古簡集影』十一輯としてグレースケール版影印本が出版され、ようやく広く知られるようになる。その後『古簡集影』の影印が、京都大学文学部国語学国文学研究室編（一九六八）『諸本集成倭名類聚抄・本文篇』（臨川書店）および、馬淵和夫（一九七三）『和名類聚抄古写本声点本本文および索引』（風間書房）に転載される。後、天理図書館の所蔵となり、一九七一年には、渡邊實の解題を付し『天理図書館善本叢書和書之部二　和名類聚抄・三宝類字集』（天理大学出版部・八木書店発売）に新たな撮影でグレースケール版の影印が収められる。

今回三度目の撮影影印であるが、初めてのカラー版影印。従来のグレースケール版影印の場合、朱点の確認報告などは原本調査者（解題執筆者）の責務の一つであったが、朱声点など鮮明であるので、声点に関するノートは不要である。が、一方鮮明なカラー版ゆえに、かつてのグレースケール版では目立たなかった朱が際立ち新たな疑問が生じてしまうこともある。1ウ七行目「鞆岡」

の「止毛乎賀」の「止」にのみ、他の朱点に比してやや薄いものの、上声差声があるように見える。本テクストにおける地名（巻六～巻九）への声点表示分布は9ウ～11ウのみに集中しているので（偏在理由は不明）、その点からも不審。しかし、これは影印本でもページ表裏を注意深く観察すれば推定できるとは思うが、第一丁オの「高山寺」朱印の滲みが裏写りしたもので、声点ではない。原本にて確認済みである。念のため記しておく。

七　和名抄現存主要諸本および複製状況

最後に和名抄現存主要諸本および複製状況・画像公開状況について、把握している分について触れておく。異本名称は、基本は通用名称に従ったが変更したものもある。次の指標記号を以て整理した。

▼：系統上の代表と見做せるテクスト（もしくは未だ系統不明のテクスト）。
▽：系統内の異本・転写本と見做せるテクスト。
・：その複製本や画像などに関するデータ。

なお、複製のないものまで含めて、諸本整理については、宮澤（二〇一〇：五〇六―五〇九）に詳しい。

【十巻本】

▼真福寺本（大須本、尾張本）：名古屋・真福寺宝生院（大須観音）現蔵。巻一・二のみの零本。鎌倉期写。寛政十年、尾張藩士・稲葉通邦（一七四四～一八〇一）が真福寺にて発見し、享和元年に模刻本を出版してより、広く知られる。もと全三十二葉確認されていたが、大正の古典保存会複製時には二十七葉のみ存。

・グレースケール版（二十七葉本）　古典保存会（大正十五年）。稲葉通邦模刻時より虫損・破損・摩滅・紛失が進んでいる。古典保存会複製では、失われた五葉分を稲葉通邦模刻本にて補う。馬淵和夫（一九七三）『和名類聚抄古写本声点本本文および索引』風間書房、に縮小影印で収める。

▽稲葉通邦臨摸本（二十九葉本）『尾州大須宝生院蔵倭名抄残篇』（寛政十三年跋文、享和元年刊）無刊記本もあり。臨摸とはいえ行取り変更が行われている。

・カラー画像　国会図書館蔵本（国立国会図書館デジタルコレクション）。

・グレースケール版　京都大学文学部国語学国文学研究室編（一九六八）『諸本集成倭名類聚抄・本文篇』臨川書店。

▽稲葉通邦臨摸本（三十二葉本）『尾州大須宝生院蔵倭名抄残篇』（寛政十三年跋文、享和元年刊）臨摸とはいえ行取り変更が行われている。

・カラー画像　早稲田大学図書館蔵本（早稲田大学古典籍総合データベース）。

▽透写本（三十二葉本）　大和文華館蔵鈴鹿文庫本。

※真福寺本全般については、宮澤俊雅（一九九六）参照。

▼京本：十巻三冊本。狩谷望之が文政四年七月に京都にて影写したテクスト。和名に朱声点あり。狩谷望之（棭斎）箋注本の「参訂諸本目録」には「京本」（「搢紳某公」蔵）と「又一本」（「難波宗建卿」旧蔵本。上冊「錦所山田翁」蔵、中下冊「福井崇蘭君」蔵）とが示されている。しかし国会図書館現蔵の狩谷望之文政四年（一八二一）七月影写「京本」は、上冊が「吉田鈴鹿河内守蔵本」、中下冊が「福井丹波守蔵本」を底本としたことが識語（後述）に明記されている。ここから「搢紳某公」イコール「吉田鈴鹿河内守」（鈴鹿隆啓）であることが推察される。つまり、おそらくは、難波宗建卿旧蔵本（三冊本）が「搢紳某公」（吉田鈴鹿河内守）に渡り、次いで中・下冊が医師「福井崇蘭」（福井榕亭［一七五三～一八四四］）に渡った。その時点（文政四年七月）で望之が影写し、その後、上冊は「錦所山田翁」蔵となったと思われる。つまるところ、「京本」「又一本」併せて一つの異本テクストと見られる。中冊は東京大学国語研究室現蔵。上下冊の現所在は不明。

・グレースケール版（中冊）　東京大学国語研究室編（一九八五）『倭名類聚抄　京本・世俗字類抄　二巻本』（東京大学国語研究室資料叢書第十三巻）汲古書院。

▽狩谷望之（棭斎）影写本　国立国会図書館蔵（WA18-14）（昭和十年、百年忌に際して曽孫の狩谷三市より寄贈）。朱声点あり。上冊識語は「右一冊吉田鈴鹿河内守蔵本今傭書生影寫手自一校／文政四年七月　狩谷望之識于京師客舍」。下冊識語は「以上二冊借福井丹波守蔵本影鈔手自讎對／是本舊難波宗建卿所蔵今分在二家／文政辛巳七月狩谷望之識于京師客舘」。

・カラー画像　国立国会図書館デジタルコレクション。

▽小島本（転写本）　下冊のみ。和名に朱声点あり。東京大学国語研究室現蔵。

・グレースケール版　東京大学国語研究室編（一九八五）『倭名類聚抄　京本・

世俗字類抄　二巻本』（東京大学国語研究室資料叢書第十三巻）汲古書院。

▽伊勢十巻本：神宮文庫蔵。室町時代初期写。巻三～八の零本。

・グレースケール版　馬淵和夫（一九七三）『和名類聚抄古写本声点本本文および索引』風間書房。

▽高松宮本：江戸初期写。十巻五冊。高松宮家旧蔵。国立歴史民俗博物館現蔵。和名に朱声点あり。

・グレースケール版　国立歴史民俗博物館蔵史料編集会編（一九九九）『国立歴史民俗博物館蔵　貴重典籍叢書　文学編第二十二巻　辞書』臨川書店。

▽松井本：江戸初期写。十巻二冊本。松井簡治旧蔵。静嘉堂文庫現蔵。

・原装複製本　古辞書叢刊刊行会（一九七五）『和名類聚抄　十巻本・二冊』（原装影印版古辞書叢刊第五回配本）雄松堂書店。

▽前田本：前田家尊経閣蔵。明治期写。十巻三冊。和名に朱声点あり。

・グレースケール版（上・下冊のみ）馬淵和夫（一九七三）『和名類聚抄古写本声点本本文および索引』風間書房。

※京本系テクストについては、宮澤俊雅（一九八五）参照。

▼下総本（天文本）：下総の平山満晴蔵の天文年間書写本（現所在不明）。

▽江戸後期転写本。

・グレースケール版　東京大学国語研究室編（一九八七）『倭名類聚抄　天文本』（東京大学国語研究室資料叢書第十二巻）汲古書院。

・転写本カラー画像　『和名類聚抄　天文本』十巻五冊（国立国会図書館蔵）国立国会図書館デジタルコレクション。

・転写本カラー画像　『和名類聚抄』五冊（書写年代不明、早稲田大学図書館蔵）早稲田大学古典籍総合データベース。

▽楊守敬刊本　明治二十九年刊。下総本・真福寺本による校訂本。

・影印版　京都大学文学部国語学国文学研究室編（一九六八）『諸本集成倭名類聚抄・索引篇』臨川書店。

※下総本全般について詳しくは宮澤俊雅（一九八七）参照。

▼昌平本：昌平坂学問所蔵本。巻第一～巻第六の零本。

▽河田本　東京都立中央図書館河田文庫蔵。

▼曲直瀬本：曲直瀬家蔵本。巻第一～巻第四の零本。

▽河田本　東京都立中央図書館河田文庫蔵。

▼箋注本：狩谷棭斎による校訂本。『箋注倭名類聚抄』十巻十冊本　印刷局蔵版（明治十六年四月二十四日出版々権届）。

・モノクロ二階調版　京都大学文学部国語学国文学研究室編（一九四三）『箋注倭名類聚抄（古典索引叢刊一）』全国書房。

・モノクロ二階調版　京都大学文学部国語学国文学研究室編（一九六八）『諸本集成倭名類聚抄・本文篇』臨川書店。

・モノクロ二階調版　国立国会図書館デジタルコレクション（近代デジタルライブラリー）。

【二十巻本】

▼高山寺本：本解題参照。

▼大東急本：大東急記念文庫現蔵。室町中期写。二十巻十冊（但し第五冊巻十にあるはずの墻壁類百三十八～道路具第百四十三を書承上欠く）。

・原装複製本　古辞書叢刊刊行会（一九七三）『和名類聚抄』（原装影印版古辞書叢刊第一回配本）雄松堂書店。

▽伊勢二十巻本：神宮文庫現蔵。室町初期写。もと二十巻十冊であったと思われるが、現存は十四巻（巻一・二・九～二十）七冊の零本（但し第五冊巻十にあるはずの墻壁類百三十八～道路具第百四十三を書承上欠く）。

・グレースケール版　馬淵和夫（一九七三）『和名類聚抄古写本声点本本文および索引』風間書房。

▼名古屋市博物館本：中世以来の名古屋旧家旧蔵。名古屋市博物館現蔵。永禄九年（一五六六）写。二十巻一冊。注文を持たない特異なテクスト。

・カラー版　名古屋市博物館編（一九九二）『和名類聚鈔』（名古屋市博物館資料叢書二）

▼那波道円本：元和三年古活字本。二十巻十冊。

・モノクロ二階調版　正宗敦夫編集（一九三二）『日本古典全集』。本テクストは（一九五四）『和名類聚抄』（風間書房）に転載複製。更に馬淵（一九七三）に転載複製。勉誠社文庫にも収める。

・モノクロ二階調版　京都大学文学部国語学国文学研究室編（一九六八）『諸本

集成倭名類聚抄・本文篇』臨川書店。
・カラー画像　榊原芳野旧蔵本。国立国会図書館デジタルコレクション。
※近世に流布した整板本は、この元和古活字本を底本としている。整板本について詳しくは、宮澤俊雅（一九九八ａ）参照。
▼温古堂本：温古堂旧蔵。大阪市立大学学術情報総合センター福田文庫現蔵。二十巻五冊。

八　おわりに

高山寺本和名抄に限らず、昨今の精度の高いカラー複製の実現は、複製技術の進展がもたらしたものでもあろうが、料紙の質に関する近年の関心の高まり（宍倉佐敏編著［二〇一一］『必携　古典籍・古文書料紙事典』［八木書店］の刊行など）などを見ると、文献学的・書誌学的研究への精度要求の高まりが、語学・史学・文学に限らず、学界に広範に見られることの反映でもあろう。

時間的に隔たった社会や人の痕跡である文献に接近するためには、文字情報だけでなく、文字の受け皿である文献そのものにできる限りアクセスできることが望ましい。その意味で、民主主義社会下の研究者たちに、その時代時代における最良の複製技術による複製が提供されることは望ましいことである。多くの研究者が疑似的にでも原本調査にできるだけ近づけるよう、今回、参考図版の撮影追加をお願いした。複製技術の質的向上が、諸方面における研究者や、若い研究者の新たな関心を惹き、研究の質的向上につながることを強く祈念しつつ擱筆とする。

【引用・使用参考文献】

（和名抄複製本については、七の「和名抄現存主要諸本および複製状況」を参照）
池邊彌（一九八一）『和名類聚抄郡郷里駅名考証』吉川弘文館
岡田希雄（一九四二）源順伝及年譜　『立命館大学論叢第四輯・国語漢文篇』一
同（一九四二・一九四三）源順及同為憲年譜（上・下）　『立命館大学論叢第八輯・国語漢文篇』二、『同十二輯・国語漢文篇』三（黒田彰ほか編二〇〇四『説話文学研究叢書第七巻・岡田希雄集』クレス出版、複製再録）
恩賜京都博物館編（一九三五）『神護寺名宝展図録』芸艸堂
蔵中進・林忠鵬・川口憲治共編（一九九九）『倭名類聚抄〔十巻本・廿巻本〕所引書名索引』勉誠出版
坂本太郎（一九五五）高山寺本倭名類聚抄について　坂本太郎（一九八八）『坂本太郎著作集　第四・風土記と万葉集』再録
佐藤全敏（二〇一七予）国風とは何か　鈴木靖民・金子修一・田中史生・李成市編『日本古代交流史入門』勉誠出版
東京国立博物館古典籍叢刊編集委員会編（二〇一二）『九条家本延喜式　三』思文閣書店
藤島秀隆・鈴木雅子（一九八八）加賀藩の郷土史家森田柿園とその系譜　『金沢工業大学研究紀要Ｂ』一一
保阪三郎（一九四一）源順論：史料編　『史学』二〇―二（三田史学会）
同（一九四二）源順論　『史学』二〇―四（三田史学会）
宮崎肇（二〇〇一）院政期における典籍書写と書風について　『早稲田大学大学院文学研究科紀要　第四分冊』四七（早稲田大学大学院文学研究科編）
宮澤俊雅（一九八五）解題　倭名類聚抄京本・鈴鹿氏旧蔵本京本・小島氏旧蔵本（宮澤二〇一〇収録）
同（一九八七）倭名類聚抄天文本解題（宮澤二〇一〇収録）
同（一九九六）倭名類聚抄の尾張本について（宮澤二〇一〇収録）
同（一九九八ａ）倭名類聚抄の板本について（宮澤二〇一〇収録）
同（一九九八ｂ）倭名類聚抄と漢語抄類（宮澤二〇一〇収録）
同（一九九八ｃ）倭名類聚抄の十巻本と二十巻本（宮澤二〇一〇収録）
同（二〇一〇）『倭名類聚抄諸本の研究』勉誠出版
無署名（一九三二）（解題）倭名類聚抄　高山寺本　『古簡集影　第十一輯』東京帝国大学史料編纂所（内容は山本信哉一九三一の梗概故、山本の執筆と思われる。）
山田健三（一九九二）順〈和名〉粗描　『日本語論究　二』和泉書院
山本信哉（一九三一）高山寺本倭名類聚抄に就いて　明恵上人と高山寺編集委員会編（一九八一）『明恵上人と高山寺』同朋舎、再録
渡邊實（一九七一）解題　『天理図書館善本叢書和書之部二　和名類聚抄・三宝類字

集』天理大学出版部・八木書店発売

【謝辞】

本解題執筆に際して、石川県立図書館（森田文庫）、大阪市立大学学術情報総合センター（福田文庫）の関係諸氏に、関連資料閲覧に関してお世話になった。記して謝意を表す。

新天理図書館善本叢書 第7巻　和名類聚抄 高山寺本

2017年2月24日　初版発行　定価（本体32,000円＋税）

編集　天理大学附属 天理図書館
代表 諸井慶一郎
〒632-8577 奈良県天理市杣之内町1050

刊行　（学）天理大学出版部
代表 前川喜太郎

製作　株式会社 八木書店古書出版部
代表 八木乾二
〒101-0052 東京都千代田区神田小川町3-8
電話 03-3291-2969（編集） -6300（FAX）

発売　株式会社 八木書店
〒101-0052 東京都千代田区神田小川町3-8
電話 03-3291-2961（営業） -6300（FAX）
https://catalogue.books-yagi.co.jp/
E-mail pub@books-yagi.co.jp

製版・印刷 天理時報社
製本 博勝堂

ISBN978-4-8406-9557-2　第2期第2回配本